Festa sob as bombas

Os anos ingleses

Elias Canetti

Festa sob as bombas
Os anos ingleses

Tradução
Markus Lasch

Posfácio
Jeremy Adler

Título original: *Party im Blitz. Die englischen Jahre*
© Herdeiros de Elias Canetti, 2003. Por acordo com
Carl Hanser Verlag, Munique/Viena
© Editora Estação Liberdade, 2009, para esta tradução

Preparação	Graziela Marcolin
Revisão	Huendel Viana
Assistência editorial	Leandro Rodrigues
Composição	B.D. Miranda
Projeto gráfico de capa	Peter-Andreas Hassiepen/Hanser
Fotos de capa	Meffert; © 1980 Stern/picture press
Editores	Angel Bojadsen e Edilberto F. Verza

CIP-BRASIL. CATALOGAÇÃO-NA-FONTE
Sindicato Nacional dos Editores de Livros, RJ

C225f
Canetti, Elias, 1905-1994
  Festa sob as bombas : os anos ingleses / Elias Canetti ; tradução do alemão Markus Lasch. – São Paulo : Estação Liberdade, 2009.

  Tradução de: Party im Blitz. Die englischen Jahre
  ISBN 978-85-7448-159-3

  1. Canetti, Elias, 1905-1994. 2. Escritores austríacos - Século XX – Biografia. 3. Inglaterra – História – Século XX. 4. Inglaterra – Vida intelectual – Século XX. I. Título.

09-2422.   CDD: 928.31
           CDU: 929:821.112.2

Todos os direitos reservados à

Editora Estação Liberdade Ltda.
Rua Dona Elisa, 116 | 01155-030 | São Paulo-SP
Tel.: (11) 3661 2881 | Fax: (11) 3825 4239
www.estacaoliberdade.com.br

SUMÁRIO

Da Inglaterra, 9

Ninguém na Inglaterra ou O silêncio do desprezo, 21
Amersham, 31 • "Durris", Stubbs Wood, Chesham Bois, 40
O gari, 55 • Herbert Read, 58 • Defeitos e virtudes de festas
inglesas, 61 • Hampstead: reunião de poetas, 63
Kathleen Raine, 67 • Aymer e sua mãe, 71 • Visita a Mochrum, 73
Lord David Stewart, 78 • *Mrs.* Phillimore Bertrand Russell, 82
Arthur Waley, 96 • Diana Spearman, 103 • Enoch Powell, 106
Veronica Wedgwood, 110 • Desolação nas festas, 112
Franz Steiner, 114 • Downshire Hill, 122 • J. D. Bernal, 127
Geoffrey Pyke, 130 • Freddie Uhlman, 133
Ce poids! Ce poids!, 137 • Henry Moore e Roland Penrose.
Festa sob as bombas. Battle of Britain. Hampstead Heath, 139
Hampstead Church Row. O cemitério, 141 • Festa na casa de
Penrose. Os bombeiros, 144 • "The Freemasons Arms". Friedl. 147
A generosidade de Friedl. A blusa. Henri Smith, 149
Oskar Kokoschka, 150 • Iris Murdoch, 157 • Vaughan Williams, 172
•Aymer, 176 • Inglaterra, uma ilha, 180 • Velocidade, 183
As variantes da soberba, 185

Posfácio, 193

Nota à edição alemã, 213

Apêndice, 215

Índice onomástico, 227

Da Inglaterra

Estou confuso com relação à Inglaterra, foi uma vida toda, inserida em um antes e um depois, e, no fundo, suficiente para tudo.

Depois do caos, preciso refletir sobre o que se pode obter dessa ordem aparente. Céus, que ordem. Estava-se prestes a acreditar: uma ordem para sempre. Mal se ganhara a guerra, a festa da vitória, as fogueiras no Heath, começou a decadência. Por algum tempo, as pessoas ainda se mantinham na ordem da guerra. Muitas coisas eram racionadas, suportava-se o racionamento com disciplina. Resmungar jamais é perigoso nesse país — assim parecia. Deve ter sido perigoso um dia, quando eclodiram as contendas bíblicas, naquele longínquo século XVII. Ainda não consigo acreditar nesse tempo. Parece-me uma história muito exaltada, com relatos milagrosos. Uma língua que ainda provém inteiramente da tradução da Bíblia ou do grande drama. Quão *próxima*[1] estava a Inglaterra naquele tempo? A Escócia ainda era a Escócia, e a Irlanda estava apenas aparentemente conquistada. Mas os ingleses rodeavam já todos os mares, saqueavam os espanhóis, guerreavam contra os holandeses, um ano depois da Guerra dos Trinta Anos decapitavam o seu rei. Qual era o nexo entre estes fatos? Aquela guerra foi deslocada para a ilha instantes depois de finalmente haver sido encerrada no continente?

---

1. No original: "Wie *dicht* war England damals?" O adjetivo usado por Canetti é polissêmico. Pelo contexto que se segue, o primeiro sentido é decerto o da proximidade, temporal e espacial. Porém, as outras acepções, como densidade, permeabilidade, penetrabilidade, etc. tampouco podem ser descartadas. [N.T.]

Penso nos grandes poetas depois de Shakespeare que ainda transpõem o limiar deste século XVII: um Ben Jonson, um John Donne, Milton, Dryden, o jovem Swift. Que prosa na primeira metade! Burton, Sir Thomas Browne, John Aubrey, nunca terei lido o suficiente deles. Bunyan, George Fox, Hobbes, este por si só já incomensurável. Quão pequenina é a Alemanha comparada a isso! A Espanha, maior. A França, o suficiente, mas a maior literatura de todas nesse século é a inglesa.

Também é superior a todas as outras no século seguinte. E ainda no século XIX. O que aconteceu *neste* século! Eu vivi na Inglaterra quando desmoronou o seu espírito. Testemunhei a glória de um Eliot. Será que um dia as pessoas se envergonharão o bastante dela? Um americano traz consigo um francês de Paris que desapareceu jovem (Laforgue), borrifa-o com seu asco da vida, vive verdadeiramente como bancário, enquanto taxa, apequena todo o anterior, que sempre tem mais fôlego do que ele, deixa-se presentear por um conterrâneo perdulário, que tem a grandeza e a tensão de um louco, e mostra o resultado: sua impotência, que ele comunica ao país todo, rende-se a toda ordem que tem idade suficiente, procura impedir todo e qualquer elã, um devasso do nada, sopé de Hegel, profanador de Dante (em qual círculo do inferno o encarceraria este?), lábios finos, coração frio, precocemente decrépito, indigno de Blake assim como de Goethe e de toda lava, arrefecido antes de haver sido quente, nem gato nem pássaro ou sapo, e muito menos toupeira, obediente a Deus, enviado à Inglaterra (como se eu tivesse voltado à Espanha), com pontas críticas em vez de dentes, torturado por uma mulher ninfômana — sua única desculpa —, torturado tanto que *Auto-de-fé* lhe teria caído bem, caso tivesse tido a ousadia de lê-lo, um Tom educado em Bloomsbury, admitido e convidado pela nobre Virginia, fugido de *todos* que com razão o censuraram, e finalmente condecorado por um prêmio que nem Virginia, nem Pound, nem Dylan, que ninguém que o mereceria ganhou — afora Yeats.

Da glória desta figura deplorável fui testemunha. Ouvi falar pela primeira vez dele — não conhecia o seu nome — quando — nos primeiríssimos tempos — morava em Hyde Park Gardens. Jasper Ridley, um jovem rapaz que passara por Oxford e que poucos meses antes da eclosão da guerra se tornou o marido de Cressida Bonham-Carter, mencionou-o, gentilmente instrutivo, como sendo o novo, o verdadeiro poeta, e deu-me de presente, a título de "introdução", os seus *Elizabethan Essays*. Poucos anos depois, faleceu novíssimo na guerra e deixou Cressida, sua viúva, com um pequeno filho seu. A este homem gentil, diligente, aberto, alegre, fraco, de quem conservo a melhor memória, devo o nome da mais seca figura do século, da qual depois, pelo fim da guerra, quando se voltou para a religião de seus antepassados para abandoná-la em favor daquela dos reis, ouvi mais e mais, tanto que quase não restou outra coisa.

Por esta figura deveria ter percebido o que acontecia com a Inglaterra. Mas interveio a guerra, na qual a Inglaterra por fim deu ao mundo o seu *melhor*, a primeira resistência contra o delírio que ameaçava devorar tudo. Muitas coisas devem ser agradecidas a este país, tão imprescindível à verdadeira história da humanidade quanto Florença e Veneza, Atenas e Paris. Mas o fato de eu, nesse mesmo tempo da guerra, haver recebido a sorte de sua [...] fez-me insensível ao odor de extenuação que exalava de Eliot.

Não consigo ser comedido, e muito menos no que diz respeito à Inglaterra. Senhores de escravos havia por toda parte, mas em que lugar, a não ser nas plantações inglesas, se chegou à inexorabilidade da liberdade? Em que lugar se chegou à *recusa* que já começou com os quacres? Em que lugar se chegou além das *conceitualidades*, não a Hegel, mas tampouco às impiedosas enxurradas sentimentais de Wagner e de Nietzsche?

O pior da Inglaterra são os *ressecamentos*, a vida como múmia guiada. Não é, como se pensa, o vitoriano (a máscara da hipocrisia pode ser arrancada e há algo por trás dela), é o ressecamento recomendado, que começa com moderação e justiça e termina em impotência emocional.

Para ser verdadeiro, seria preciso achar toda humilhação *supérflua* a que se foi submetido na Inglaterra, preenchê-la de novo com vida, de maneira que subsistisse como dor; e então encontrar toda delicadeza que procurava poupar a humilhação: opô-las, pesá-las e devolvê-las à dissolução que sofreram dentro de cada um.

Uma realidade como a outra e uma na outra seriam a verdade.

Detalhes que deveriam ser reavivados:

Maio de 1945: o fim da guerra. A maneira de comemorar-se a vitória. As fogueiras em Hampstead Heath. As pessoas dançando em Downshire Hill. Espanto, asco, encanto.

Hetta e William Empson. Suas festas que nunca foram como as outras, mesmo porque Empson não se calava, falava ininterruptamente as coisas mais inteligentes e nunca ouvia outra pessoa que não falasse a mesma cultivadíssima língua. Durante todas as décadas em que convivi com Hetta e ele, morando na imediata vizinhança deles, este homem perspicaz, um dos melhores e mais peculiares conhecedores da literatura inglesa, que a ensinava no Japão e na China e viveu muito tempo no Oriente, não dirigiu uma única frase a mim que exigisse resposta. Até hoje não sei se fazia alguma ideia de mim. Quando, não muito tempo depois da guerra, uma escola de poetas começou a derivar-se dele (como reação à exaltação de Dylan Thomas), encontrei alguns deles em suas festas,

Heath Street, Hampstead

que conheciam bem *Auto-de-fé*[2], que levavam o romance a sério e o discutiam. Ele próprio nunca o mencionou para mim, devia provavelmente já tê-lo lido, era amigo de Arthur Waley, que nunca fez segredo de sua admiração pela obra. Não sei se tinha sequer noção dela. Ele devorava livros dia e noite, um homem completamente espiritual e literário, professor de literatura em Sheffield, famoso por seus livros sobre assuntos literários tanto quanto por seus poemas. Escutei-o falar muitas vezes, tinha espírito e agudeza, era rápido, irredutível, em torrentes de saber interpretativo, opinião personalíssima e erudição exata, talvez o mais fluente, inspirado e claro orador que vi entre os poetas da Inglaterra.

Quanto mais tempo passa desde que Thatcher deixou o leme, mais pacífica e benévola se torna minha memória da Inglaterra. De repente recordo coisas que eu vivi ali com gosto e coisas que apreciei em pessoas que tinham consideração e caráter. As aversões verdadeiramente fortes não diminuem, com cada lembrança intensificam-se, não consigo ter o nome Eliot na ponta do lápis sem começar a ultrajá-lo outra vez. Talvez a *instituição*[3] desta vida que mais me irritava nele fosse sua precoce disposição para a vida em um banco, e mais tarde a direção natural de uma editora muito renomada que lhe dava poder sobre os poetas. Por último, a decisão de escrever dramas de velhice, através de cuja encenação podia ganhar dinheiro; ele nunca fez segredo de que esse era o seu objetivo.

Nunca tive que me encontrar pessoalmente com ele. Só o conhecia muito superficialmente. Porém, durante alguns anos,

---

2. Título da tradução brasileira do romance *Die Blendung* (trad. Herbert Caro. São Paulo: Cosac Naify, 2004). [N.T.]

3. No original: "Vielleicht war es die eine Einrichtung dieses Lebens, was mich am meisten an ihm irritierte", ou seja, para além de "instituição", também "arranjo", "acomodação". [N.T.]

encontrava com certa frequência, na casa de Kathleen Raine, seu cão de guarda John Hayward, que morava com ele em Chelsea e cujo quarto Eliot tinha que atravessar para chegar ao seu. John Hayward era paralítico e, preso a uma cadeira de rodas, não conseguia locomover-se por si só, sempre alguém tinha de empurrar sua cadeira. Seu rosto era desfigurado por um lábio inferior enorme, cuja carne vermelha era impossível encobrir, o que dava a sua face certa expressão animalesca que, no entanto, se opunha às frases perfeitamente bem formadas de que se servia a qualquer momento, sem dificuldade. Era um conhecedor sólido da literatura inglesa, especialmente da lírica, havia antologias suas que eram tidas como boas. Sua doença, a paralisia, começou, até onde me consigo lembrar, já em Cambridge, onde ele morava antes, quando ainda era um jovem. Foi caso de sorte para Hayward que Eliot, quando veio morar em Chelsea, tenha ido dividir um apartamento com ele, que se tornou assim uma figura cobiçada. Eliot não frequentava festas, era sabido que evitava este tipo de publicidade, mas John Hayward aceitava com imenso prazer os convites que se lhe fizessem. Alguma mulher jovem, geralmente de Chelsea, oferecia-se para buscá-lo; seu apartamento, se não me engano, localizava-se no segundo andar, ele tinha de ser empurrado com sua cadeira até o elevador, levado até o térreo, tirado do elevador, guiado até a rua e levado para o local da festa. Fazia-se de bom grado, entre as moças bonitas estava um tanto na moda ser vista publicamente neste papel prestativo. Como dava sua vida para participar de festas e conversar com mulheres atraentes, ele tinha certa escolha e podia até de vez em quando manifestar *desejos* especiais. Em suas conversações, conduzia o assunto de maneira que, em determinado momento, a palavra recaísse sobre Eliot, e deixava transparecer que poderia conseguir convites para um chá com ele. Por esta expectativa, por mais improvável que parecesse, ganhava todos: era respeitado mais do que justificavam seus méritos de crítico, procurava-se por ele nas festas, às vezes até era necessário fazer fila para prestar-lhe reverência, e ele, sabendo bem que essa dedicação tinha sua origem na expectativa por Eliot, não tinha a menor vergonha de atiçá-la todas as vezes, renovadamente.

Há de se diferenciar os primeiros anos, até os primórdios da guerra, do tempo sequente em Amersham e ainda da temporada posterior e mais longo em Hampstead. Esses períodos têm realmente de ser separados.

No primeiro, você era um emigrante perdido, feliz por estar salvo, precário por causa de uma guerra para a qual não contribuíra em nada, ainda que estivesse consciente de que ela também era contra você e todos os seus. Os ataques a Londres, na guerra, eram o ponto alto desse tempo. Uma certa coragem — despreocupada com o perigo pessoal — devolvia-me o amor-próprio. Você não tinha de se prestar a matar com as próprias mãos. Mas tampouco era covarde nas noites em que muitos lugares em Londres ardiam em chamas.

Este período começou em janeiro de 1939 e perdurou, guerra adentro, até o outono de 1941, quando nos mudamos para Amersham, ou seja, quase três anos. A relativa segregação dos imigrantes, os primeiros amigos ingleses, a amizade intensa com Franz Steiner e Kae Hursthouse. Por Steiner, que era antropólogo, e Kae Hursthouse, neozelandesa, entrou algo da *amplitude* do império inglês em minha vida. Muito importante neste sentido foi o papel do Student Movement House: Gower Street. *Antes: 1939 Hyde Park Gardens nos Huntingtons.* Hyde Park Corner. O primeiro sarau literário que frequentei na Inglaterra, uma festa que não foi como as festas inglesas posteriores. L. H. Myers que perguntava se você conhecera Kafka. Philip Toynbee que perguntava a mesma coisa. Conversas sobre os nazis, era a época entre Munique e Praga. A guerra estava no ar. *Mrs.* Huntington, uma mulher alta e bela, casada com o editor americano da Putnam's: o elevador na casa, eu tinha sido colocado no último andar, no quarto da filha Alfreda, como verdadeira companhia eu tinha a governanta, uma suíça que já me inspecionara em Paris, o bando de meninas jovens em Paris, uma mais bonita que a outra. Sem pensar, estava eu de novo em Ialta, com a diferença de que agora me rodeavam inglesas. Uma casa Pinkie Esher. — Alfreda tratava-me com especial cordialidade, não sei em que quarto ela ficava depois de sua volta de Paris. Um dia, correu atrás de mim pensando que eu estivesse a caminho do British Museum. Uma menina idealista e encantadora que queria agradar, em seu quarto havia um quadro de Van Gogh. — Porém, eu não ia ler na sala de leitura do British Museum, mas na Warburg Library. Ernst Gombrich, que trabalhava ali, introduziu-me. Por recomendação de sua mãe eu tinha chegado à casa dos Huntington. Da Warburg Library também me deixavam levar os livros de que necessitava.

Desagradável foi *Mr.* Huntington, desde o momento em que apareci em sua casa. Perguntou-me se em Viena eu vivia em apartamento ou em casa. Surpreendeu-se ao ouvir que minha mulher também estava na Inglaterra, eu lhe disse que ela vivia com seu irmão em Surrey. Perguntou-me a profissão do irmão, eu disse: "He is a small businessman." Não era bem o que se podia dizer de Bucky, mas eu sentia o esnobismo de *Mr.* Huntington e tinha vergonha de dizer a verdade. Bucky, que era casado com uma inglesa de Manchester, era um homem inocente, muito bondoso e pouco respeitado, na verdade uma figura chaplinesca, que já tentara de tudo para manter a si, a sua mulher e ao pequeno filho. Em Manchester, tivera um salão de cabeleireiro. Agora ele tinha, havia anos, uma pequena loja de doces em Lightwater, perto de Bagshot, Surrey. Eu era demasiado covarde para explicar isso. E *Mr.* Huntington também não gostaria de ter ouvido essa explicação, eu disse: "He is a small businessman", ou talvez até tenha dito "a very small businessman", e não sei mais se mencionei o seu nome "Calderon".

A governanta, *Miss* Hübler, era sempre severa, a exemplo do jeito como costumava tratar suas meninas, que pretendia transformar em jovens damas. O grande momento na vida dessas lindas criaturas era sua apresentação à corte. Era a vez de Alfreda naquele ano, e, quando eu falava com *Miss* Hübler, na *nursery* ao lado do meu quarto, o assunto era largamente tratado. Foi minha primeira introdução aos altos costumes ingleses. A outra, muito mais interessante, aconteceria poucos minutos depois, no Hyde Park Corner, aonde eu ia todos os fins de tarde.

Sinto a Inglaterra afastada. Há cinco anos que não vou mais lá. Começa a ser outra vez uma ilha para mim, uma ilha mais no sentido das memórias, já se inicia a transfiguração, já sonho com uma visita como se fosse um lugar da primeira juventude. Eu tinha 83 anos quando lá estive pela última vez. Muitas coisas não se compreendem na forma como aparecem. Com o que se misturaram?

O que foi tão adequado que se pôde aninhar no lugar onde menos se esperava? Sentimentos partidários, alimentados por jornais, são os mais prejudiciais. Sempre foram lugares-comuns e continuam sendo. Mas há outras coisas que nunca foram tocadas pela parcialidade e permaneceram, por assim dizer, durante muito tempo inarticuladas. Se aparece algo *delas*, tem de ser agarrado no ato, pois floresce rápido e fenece ainda mais depressa.

Comecei a contar de William Empson, para quem sempre permaneci um estranho porque foi uma amiga de sua mulher que me introduziu à sua casa. Os Empson tinham uma casa grande e espaçosa em Haverstock Hill, cuja maior parte estava alugada. Hetta, que provinha de uma família de bôeres da África do Sul, era uma comunista inabalável. Era uma mulher muito bonita e trazia dois tipos de pessoas para casa. Um tipo eram intelectuais de qualquer procedência e cor, com os quais se sentia comprometida por suas convicções. A eles deixava todos os cômodos da casa, com exceção do espaço dela. Seus amantes, que não foram poucos ao longo dos anos, colocava às vezes também no próprio quarto. Empson não parecia opor a menor objeção. Ele tinha uma mente literária aguda, sempre ativa e muito abrangente, forjada pelos Poetas Metafísicos do início do XVII, mas também pela escola de sociolinguistas de Cambridge (I. A. Richards). Sua mente estava sempre ocupada com tais processos, todo o resto deixava a cargo de Hetta. Tinha-se a impressão de que cada um vivia sua própria vida, sem ser estorvo no caminho do outro, respeitando tudo aquilo que caracterizava a essência alheia, ainda que essas características fossem diametralmente opostas às suas. O próprio Empson dava a sensação de que o sexual não tinha nenhuma importância para ele. Admirava um pouco que desta relação tivessem resultado dois garotos, que cresciam em meio ao caos das relações amorosas de sua mãe sem se ressentir disso.

Nas recepções que davam, recepções muito generosas, apareciam amigos de ambos, ou, sendo permitido levar pessoas, amigos de amigos. O ambiente era assim realmente colorido e sem vaidades. Um poeta muito famoso podia ficar ali por duas horas, mantendo conversas instigantes com Empson, sem que se percebesse, até sem que disso se soubesse. Ninguém fazia caso de sua pessoa. Ele não era arrastado, à maneira "europeia", de um lado a outro e apresentado a todos, nem se criava uma aura misteriosa de raridade, de soberba em torno dele. Estava ali como todos os outros e, se interessava a Empson, tinha muito a lhe dizer. Se não interessava a Empson, deixava a recepção tão discretamente como havia chegado e, na maioria das vezes, nem se ficava sabendo que havia estado ali.

Em minha memória, são estas as únicas recepções maiores de Hampstead que existiam por si mesmas e que não serviam à confirmação de hierarquias válidas ou a uma possível ascensão. Nunca eram tediosas, sempre se achava uma conversa com alguém que tivesse experiências interessantes ou até verdadeira originalidade. Não se podia, porém, ficar chateado por eventualmente não ser ninguém. Isso era na Inglaterra durante décadas o meu caso e nos últimos anos também só mudou superficialmente. Eu tinha a benevolência de Hetta, que era amiga íntima de Friedl, ela gostava das pessoas e era sobremaneira tolerante.

Suas convicções políticas, que remontavam às experiências de sua juventude entre bôeres muito religiosos e seus súditos negros, eram inabaláveis, mas nunca a estreitaram enquanto ser humano. Durante muito tempo, não tive nada nessa casa, a não ser essa benevolência. Muitos imigrantes vinham, conhecidos, desconhecidos, servis, orgulhosos. Eu era um deles. As nuances específicas dos convidados não interessavam ao dono da casa, cuja paixão eram a poesia e a literatura inglesas. Sua estranheza não o intrigava, ele estava às voltas com uma estranheza muito maior, um estrangeiro verdadeiro onde tinha vivido e ensinado por anos: Japão e China. Talvez tenha aprendido um pouco de chinês — não consigo acreditar nisso de verdade. Usava os cabelos, um tanto escassos, à maneira de um sábio chinês. Penso, porém, que, também durante o seu tempo na China, politicamente muito agitado, ele foi na realidade e integralmente aquele homem conhecido por mim na Inglaterra, cunhado pelos ritmos, pelo vocabulário e pela intensidade mental da lírica inglesa precoce.

Eu estava, pois, condenado à completa impotência frente a este homem. De maneira alguma lhe teria ocorrido falar sobre massas chinesas comigo. Teria sido de um interesse enorme para mim, mas o que ele poderia dizer sobre o assunto? A seus olhos, teria parecido falácia, algo que ele abominava mais do que tudo neste mundo.

Eu ia, portanto, com gosto à casa de Empson, mas ia envergonhado. Recebia-se o convite, mas para Empson não se era ninguém. Havia muitos ali que não eram ninguém, mas havia também muitos outros, de sorte que nem uma coisa nem outra significavam distinção.

Ninguém na Inglaterra
ou
O silêncio do desprezo

Pode-se chamar isso de exercício na arte da sociabilidade. Pessoas juntam-se num espaço exíguo, ficam muito próximas, mas sem se tocar. Parece uma aglomeração, mas não o é. A liberdade consiste na distância do outro, ainda que ela tenha diminuído à espessura de um fio de cabelo. As pessoas movem-se com destreza, passam junto das outras, por quem são apertadas de todos os lados, sem roçar em ninguém. Fica-se de tudo intocado e puro. Seria uma falha de conduta deixar-se macular pelo contato, ainda que ele seja ínfimo. Aquele que não quer serpear, um homem ereto, sabe fazer com que os outros serpeiem em sua volta. Na contenção, uma espécie de abstinência que também pode ser ativa, comprova-se a estatura do ser humano. Ela é perfeita quando não dá nada de si a conhecer. Quem é suficientemente conhecido para que seja reconhecido por todos, de perto ou de longe, não deveria frequentar festas, a menos que seja um tal mestre em dissimulação que logre o desaparecimento completo.

Ideal seria o caso em que muitas pessoas se juntassem, entre as quais não poucas desejáveis de conhecer, mas sendo que elas, por sua parte, não se dessem a conhecer. O enigma não pode diminuir, se não a festa murcha feito um balão furado. A partir do momento em que muitos dos presentes se *conhecem*, muda o estado de agregação. Contenção vira amabilidade, que não significa muito. A tensão do não-conhecer atrai mais, especialmente quando se sabe que seria importante conhecer este ou aquele outro. O anseio por companhia mais ilustre está sempre alerta. Ele é sustentado pela veneração dos proeminentíssimos. O que o refreia, porém, é a dificuldade de chegar perto destes e, mesmo nos casos em que isso acontece, a dificuldade de um contato. Isso só se aprende na estreita proximidade dos outros.

Paira o ar de agradável modéstia quando pessoas muito famosas se misturam a outras e conseguem destacar-se tão pouco que não são reconhecidas por ninguém. Não usam máscaras, mas também nunca se apresentam. Pode-se ter uma conversa com uma pessoa sem ter uma noção do que ela é. E ela se pode retirar sem o sentimento de um compromisso. Nada foi prometido, nada negociado. Apenas uma inocente espreita que dissimula qualquer pensamento de uma [...] Um não pode suspeitar o quanto foi desprezado, o outro não pode deixar transparecer o poder que ele teria, se não fosse ali.

O poder tornou-se natural, mas se distribuiu e [...] suas barreiras por recolhimento em meio aos outros. Ele não *sacia* quando se baseia em iguais e é reconhecido. Permanece oculto — por consideração, por assim dizer —, para não assustar os muito menos poderosos. As letras que pessoas usam depois de seus nomes, como sinal de notoriedade, foram despidas e, na conversa, só se tornam visíveis aos poucos. Muitas vezes, aquele com quem se trocou algumas palavras fica atônito, *baffled*, como diz uma boa expressão inglesa, e pergunta-se sem parar: "Quem foi? Quem pode ter sido?"

Dar atenção às proporções. Aymer, Gavin e sua mãe (*Lady* Mary) ainda estão demasiado em primeiro plano para mim. Provavelmente pelas viagens que fiz com Aymer, que se me tornaram parte essencial da vida. Quero pensar mais em outros e trazê-los à superfície.

Ainda mal abordei tudo que está relacionado com Veronica Wedgwood. Repugna-me traçar a verdadeira imagem dela, tal qual a tenho dentro de mim. Algum dia, foi a primeira inglesa que lutou com entusiasmo e convicção por *Die Blendung*[4]. Investiu tempo e trabalho na tradução. Ela também simpatizava muito com Friedl, especialmente com a nossa relação: a aluna que ama seu professor e com paixão deixa-se *formar* por ele. Friedl decepcionou-a depois por sua vida, por uma dependência temporária dela. A frequente rejeição de *Auto-de-fé*, que realmente era relativa — já havia naquele tempo pessoas para as quais era muito importante —, a pretensão de *Massa e poder*, que finalmente saiu e que ela tentou favorecer com um ensaio muito positivo, mas sem nunca tê-lo lido realmente, a minha terrível decepção quando percebi que ela não conhecia o livro, que este não a tinha tentado depois de ter ouvido falar tanto dele durante os anos, finalmente — e isso foi o último — o seu entusiasmo pela Thatcher, expressado por ela enquanto historiadora — ela via em seu governo uma nova era elisabetana —, tudo isso faz com que seja quase impossível para mim falar dela de maneira verdadeira e pormenorizada. Poderia dizer tantas coisas que ela me *confidenciou*, mas não consigo, ouço sua voz calorosa, aliciante, vejo seu pai em Leith Hill diante de mim, de quem gostei à primeira vista, sua mãe soberba, que não gostava da filha porque não desejara ter uma filha e que por toda a vida foi uma opressão para Veronica. Sobre estas coisas, que realmente a caracterizavam, não posso falar. Aquilo que escreveu

---

4. Primeiro e único romance de Canetti. O título em português é *Auto-de-fé*. O autor falará mais adiante com frequência também da tradução inglesa, cujo título veio a ser *Auto da fé*, mas optou-se por manter, doravante, o título em português. [N.T.]

estimo pouco. Ela não tinha originalidade nem pensamentos próprios sobre nada. Mas gostava de escrever, escrevia com afinco, lia fontes, cartas, documentos, diários, sua curiosidade era realmente insaciável, mas não o suficiente, e principalmente: ajustava seus pensamentos a quaisquer correntes de pensamento em voga, quer fossem de cunho histórico-político, quer fossem de cunho psicológico. Já que muito raramente respeito os historiadores — quer dizer, aqueles do nosso tempo —, não me compete dizer sobre ela algo que somaria um juízo sobre sua obra. Só posso registrar traços pessoais seus, momentos no jardim de Downshire Hill, quando discutíamos o último capítulo da tradução e Friedl observava-nos da janela do primeiro andar e preparava então o nosso chá. Foi Veronica que, com grande tenacidade, exigiu de Jonathan Cape a publicação de *Auto-de-fé*. De início, não estava em questão que ela traduziria o romance. Eu pensara em Isherwood porque gostava de seu livro sobre Berlim. Só aos poucos, com hesitação, Veronica manifestou a ideia de ela mesma traduzir o texto — com a minha ajuda —, e eu concordei, com a ressalva que o livro não poderia sair durante a guerra. Estava convencido de que não devia publicar nada durante a guerra. A tarefa de minha vida era *Massa e poder*. Antes de terminá-lo, nada meu devia chegar aos olhos do público. Hoje eu chamaria isso de uma postura ascética, uma espécie de dever em relação àqueles que foram arrastados para essa guerra, seja por sua vontade ou contra ela. Contra a velocidade cada vez mais vertiginosa com que tudo acontecia, eu procurava a calma deste estudo, não foi um instante [...], o que fiz nestes anos foi resultado de uma convicção inabalável de ter que ir ao fundo das coisas. As percepções que se impunham eram terríveis, tanto mais porque nunca foram *apressadas*. Tinham tempo de se espalhar e firmar-se. Nos primeiros anos da empreitada, Veronica compreendia esta intenção. Falávamos muito sobre história inglesa. O século XVII inglês era sua verdadeira especialidade. Ela sabia muito do assunto e contava-me o que sabia. Seus relatos estimulavam-me a ler mais sobre a época, por conta própria. Quando tentava explicar-lhe acontecimentos de massa, que neste século foram muito abundantes, ela era atenta, rápida e quase veemente na assimilação. Sua capacidade de assimilação, sua maneira de atenção, eram a sua verdadeira força. Estavam em forte contradição com a tenaz reserva de muitos ingleses. Dizia que descendia de ancestrais celtas, ela própria era morena, e tinha a aparência o menos inglesa possível. Seu pai tinha o rosto de um mago celta, um bruxo, "wizard", eu costumava dizer a Veronica. Ele comandava uma das grandes companhias ferroviárias inglesas, mas seu verdadeiro interesse era a história; em sua biblioteca, Veronica encontrava praticamente tudo que se referisse à Revolução Francesa. Era amigo de Joseph Conrad, que o visitava com frequência. Veronica lembrava do escritor de sua juventude e tinha muito o que contar sobre ele, coisas que ficara sabendo pelo pai. O tio de Veronica era Josiah Wedgwood, um liberal à antiga, que no parlamento defendia tudo que merecia algum apoio. Era um daqueles homens que para a história da Inglaterra do século XIX não foram menos importantes e reais do que seus opositores, os construtores do *Empire*.

Eu gostava realmente de Veronica. Confiava nela. Ela era o calor do qual eu tanto sentia falta entre os intelectuais ingleses, pelo menos até onde os conhecia. Também me fascinava a família mais longínqua a que pertencia: os Darwin, os Wedgwood, Macaulay, Trevelyan, Francis Galton e também Leslie Stephen, o pai de Virginia Woolf, todos eles eram parentes seus. Era difícil encontrar na história espiritual humana uma estirpe parecida.

Perpetuação da soberba: o sentimento é assumido por aqueles que não têm direito a ele. Sua vida converte-se em *um* esforço: reembolso da soberba.

Veronica era livre dela. Talvez porque sua mãe, que com razão pensava tê-la entre as mãos, a perseguisse quase com ódio. Kathleen Raine existia na verdade única e exclusivamente deste ímpeto.

Kathleen Raine era poeta desde que achara os *personagens* de sua aspiração: os dois meninos solares, numa ponte ao lado de sua mãe.

É fácil troçar dos obsessivos por altitude, quando se pensa que a própria altura nunca foi posta em dúvida.

O comportamento modesto dos "mais proeminentes" ingleses. Jantar na casa de Diana Spearman. A eloquência jurídica, a educação, mas também a inexatidão (se alguém não importava muito) de Maxwell-Fyfe. Um singular exemplar da mais alta educação inglesa eu possuía em Francis Graham-Harrison.

Francis. Sempre perto de mim, marcado por Eton e Oxford e, talvez em igual medida, por um pai cultivado que era o principal jurista do parlamento. Francis era impregnado pelo tipo de saber clássico tal como ensinado em Oxford, mas também pela filosofia (Austin). Sabia muito e tinha um interesse passional por livros. Podia-se falar de milhares de títulos com ele sem entrar muito em seu conteúdo. Era prestativo, adaptava-se, mas persistia intimamente em certos princípios sólidos de justiça, tolerância e ceticismo, que correspondiam a *uma* tradição inglesa. Com sua mãe conhecera as excrescências da fé: intolerância e condenação. Em seus olhos, que lembravam os de um animal perseguido, havia algo comovente: uma aversão a armas, esporte e exercício físico, que representam parte importante da educação inglesa. Creio também que ele jamais tenha tentado influenciar pessoas. Era um funcionário público escrupuloso e subia, por causa de sua grande inteligência, a cargos cada vez mais altos, dos quais se vinha a saber apenas por mero acaso. À ênfase dos outros era entregue, não só à das mulheres. Quem falava com segurança, saber e pretensão o cativava sempre, ainda mais em se tratando de mulheres que perseguiam seu objetivo com determinação. Ficava a mercê delas. Fazia com que se aproximassem e reconhecessem nele uma presa voluntária. Era seduzido e continuava fiel a todas as sedutoras, i.e., se quisessem, elas podiam seduzi-lo sempre novamente, durante um largo período de tempo, mesmo se, entretanto, aparecessem outras com a mesma atitude. Esta maneira de conquistar mulheres, por *cedência*, eu pude estudar em sua pessoa como em ninguém.

Da proximidade e da distância dos ingleses.

Distância é um dos exercícios principais dos ingleses. Eles não se aproximam. Não querem, não podem aproximar-se. A título de proteção, a pessoa envolve-se em gelo. Do lado de fora, tudo é refletido e diminuído.[5] Do lado de dentro, passa-se frio.

A vida social consiste em vãs tentativas de aproximação. São tão tímidas quanto o ser humano é corajoso. E a coragem é real, já que sabe do tamanho de sua solidão.

No fundo, os ingleses recuam assustados diante de qualquer novato que chega. Esperam o pior dele, um saltador de distâncias. Ainda que se mostre reservado, não confiam nele e mantêm-no com educação circunspecta longe da própria pessoa. A pergunta calada, mas penetrante, com a qual o taxam: "quão alto?", "quão baixo?", é tão vital quanto implacável.

Para o inglês, autocontrole e calma são os únicos meios legítimos de enfrentar a vida. O que é alcançado por outras vias tem de acontecer nas maiores e mais rapinas escalas para ser reconhecido. O ladrão é uma figura temida, mas popular desde a infância. Quase

---

5. No original: "Außen wird alles zurückgespielt". *Zurückspielen* é polissêmico no contexto; designa, por um lado, a reflexão ou devolução (qual raios de luz) de emoções, sentimentos, etc. pela camada de gelo, e, por outro, em alusão a *herunterspielen*, a sua diminuição. [N.T.]

sempre se logra inventar motivos nobres para ele. Ainda que terminasse na forca, gozava de grande popularidade, o papel da forca é de incomensurável importância na história social inglesa. Swift, em uma de suas cartas a Stella, expressou o fato com inesquecível determinação: "*and swing he shall*!", lê-se em um de seus escritos, nos quais não para de relatar a sua crescente influência junto ao ministro. Não é um caso muito claro, algo que mais tarde dificilmente seria considerado um crime sexual, para nós um tanto ridículo, para ele levemente obsceno, mas cômico; "and swing he shall" escreve finalmente com deleite. O prazer provocado outrora pelo balanço dos enforcados é hoje comparável apenas à mania causada pelos Beatles.

Era uma ocasião para reunir-se. Porém, ensejos menores — um furtara um pão, e outro talvez uma meia — não deleitavam. Era preciso um ladrão verdadeiro, cuja consciência pesasse por um bom número de mortes. Principalmente, importava que ele próprio tivesse *assassinado* para roubar.

A proteção da pessoa, transformá-la em recinto seguro, não é um ato isento de perigo. — Quanto da distância sobrou na vida inglesa?

Só posso julgar a época da guerra pelo tempo que veio depois dela. Durante a guerra, a tensão do distanciamento diminuiu. As pessoas aproximavam-se mais das outras, no trem até dirigiam a palavra — que milagre — a desconhecidos. As saudações envolvendo o tempo ainda eram, evidentemente, as mais frequentes, mas ocorria que depois do comentário climático se seguia algo.

O que mais me impressionou foi o tempo das catástrofes: quando a Inglaterra estava sozinha e os navios de guerra iam a pique. É verdade que se sentia, na parte superior de um ônibus londrino, uma levíssima movimentação, no momento em que a notícia de um afundamento entrava. Algumas bocas se abriam, para então não dizer nada, mas ainda assim, não se fechavam de imediato, permaneciam abertas por meio instante. Também resultavam frases. Aquelas de coragem desdenhosa. Nunca, nem uma única vez, cheguei a ouvir um temor ou até mesmo uma queixa. Quanto pior estivesse a situação, mais determinadas pareciam as pessoas. Talvez houvesse apenas poucos que reconhecessem a mais extrema dimensão do perigo. Mas não havia ninguém leviano e ninguém verdadeiramente cego. Todos estavam provavelmente conscientes do desequilíbrio de forças naquela época. Alcunhava-se o inimigo com expressões quase carinhosas de apequenamento: *little old...* Isso significava simplesmente que se sabia dele, que o adversário era familiar, que suas travessuras eram conhecidas havia muito tempo. O inimigo não era apenas um inimigo: era preciso tomar conhecimento dele. Havia um espécie de reconhecimento do adversário que só assim se tornava imutavelmente inimigo.

Retidão. Ela tem algo das leis, mas das leis faladas, não daquelas da *escrita*. A língua dos ingleses, cada vez mais preguiçosa. A determinação dos governantes: o caso Thatcher, insólito apenas na constelação do parlamento. Ali se pode dizer tudo, mesmo assim ela o repete sempre. Homens como capachos ou adolescentes bem relacionados. Em Diana Spearman, muito mais cultivada, eu conheci o tipo muito antes. Thatcher reconhece as estruturas, mas a mais alta a ser aspirada é aquela da riqueza. *Começa* assim — asquerosa a *indiferença* da riqueza que ela como *parvenu* tem em seu sangue.

Conheci outras pessoas assim? O mais próximo talvez tenha sido um emigrante de Frankfurt, filho de uma família de negociantes de vinho.

Escoceses: mais ariscos? Menos ariscos?

Tudo está para mim soterrado por uma figura que eu conheci bem demais, quer dizer, estupidamente bem, como um analista conhece as pessoas: Carol — no caso, a solicitude do meu ouvido levou a uma dependência que era vício e, paralelamente, ao conhecimento de uma família até sua última geração.

No fundo, os estrangeiros eram mais interessantes, especialmente em suas tentativas desesperadas de se tornarem ingleses. Há que se diferenciar cuidadosamente a literatura colossal, poderosa e universal dos ingleses do seu *poder*. Tudo está tão mesclado com ele que somos facilmente induzidos a cometer injustiças. A "pequena" guerra das Malvinas[6], que foi *aceita* pela maioria, é como uma última lembrança do poder. Ela custa vidas — ainda que contadas. O principal acontece em navios, o mais infame é um *afundamento*. Quantas memórias desta guerra-anã se conservaram ao longo de toda a extensão do oceano é difícil dizer. Sonhos, sem resistência, do passado em pessoas que nunca lutaram: incapazes para o serviço militar, mulheres, pacifistas, *todos*, pessoas de todo tipo, não apenas aqueles com experiência de combate, todos eles, muitos, ostentavam um sorriso feliz, ainda que muitas vezes apenas leve, quando se falava dessa "lição". Na realidade foi a sátira tardia do *Empire* que nunca consegui engolir. Eu, um inglês apaixonado, duplamente grato pelo encanto de Veza com a Inglaterra, nunca consegui superar a vergonha causada por esta guerra-anã: o coliseu da Inglaterra, jogos de guerra oceânicos.

Esta saudade de palavras inglesas, porém palavras escritas, começa a intrigar-me.

Trata-se principalmente de palavras como produtos finais, brevidades lapidadas, palavras que antes me repugnavam, *práticas*, como *busy*, *fuss*, *ready*, dão-me prazer.

Não paro de espantar-me com as fórmulas que Swift já colecionava (Karl Kraus muito antes de seu tempo, melhor).

Recito extasiado poemas de Blake, que significam mais para mim do que tudo que conheço, mesmo em alemão. Há uma exaltação nestes poemas que não é inferior àquela do Goethe precoce. É verdade que não existe um Hölderlin inglês, mas além disso há de tudo, e *mais*.

---

6. No original, *Falklandkrieg*. [N.T.]

Quando conto da Inglaterra, percebo como tudo é falso. Não posso mais falar sobre a Inglaterra. Minhas únicas vivências inglesas que contam agora são poemas, frases e, sobretudo, palavras. Surgem palavras diante de mim que, naqueles tempos, pertenciam às mais corriqueiras, e elas parecem tão belas, tão singulares, tão espirituosas que as amo — sem qualquer contexto a que poderiam pertencer.

Nisso, apenas nisso, converteram-se as minhas anotações sobre a Inglaterra: que palavras me encontram. Talvez seja pelo fato de elas não terem sido usadas durante anos. Talvez as palavras sintam o seu ócio e se apresentem revigoradas: estou aqui, ainda estou aqui, estou aqui mais do que nunca: olha para mim, usa-me.

Amersham

É uma espécie de idílio, mas em estado de guerra. Todas as manias e excentricidades inglesas estão representadas, mesmo as religiosas, que dificilmente têm igual no mundo. Pode ser descrito com tranquilidade e sem qualquer ódio. Presta-se especialmente à memória, já que não leva a nada. A paisagem cultivada, um verdadeiro paraíso. Dois tipos de amigos: fugitivos da Europa (emigrantes) e evacuados da Londres ameaçada por bombas, que está a apenas uma hora. Pessoas dispostas a conversar no trem, nos bosques de faias, nas granjas. Povoados antigos às margens dos riachos. Cemitérios antigos. Seres humanos, *humours*, como que saídos da grande literatura, de Dickens a Ben Jonson. Oxford, sua erudição, distante apenas uma hora.

O mais propício é a posição daquele que escreve, que não vale absolutamente nada aqui, um desconhecido e um estranho, mas que se presta à abertura pela aura de Viena. Pode-se dizer a ele coisas que entre nativos seriam sempre caladas.

Friedl Benedikt

Agora volto às vezes a pensar em Friedl. Via-a diante de mim, no bosque entre Fingest e High Wycombe. Isso foi na guerra, 1942. Fingest, um povoado muito bonito, neste aspecto da Inglaterra penso com agrado. Gosto de pensar na Inglaterra durante a guerra. Alimentava então um grande respeito pelas pessoas. Era um respeito *geral*. Ainda que visse algumas delas em particular de maneira totalmente diversa, defendia o conjunto sempre. Eu não tinha respeito pelos aviões noturnos que com suas bombas nos sobrevoavam e voltavam algumas horas depois sem as bombas. Havia muitas mulheres cujos homens tinham partido. Mas havia também mulheres nas forças armadas. Havia, ali onde morávamos, pessoas idosas que viviam em grandes casas e não gostavam muito de abrigar pessoas da cidade. Havia padres, no menor vilarejo tinha um. Havia fugitivos de muitos países europeus. Eles também eram evacuados da cidade onde estavam em perigo. Nós mesmos morávamos com um padre cuja pessoa grotesca quero descrever. Em Chenies, um povoado bem perto de Chesham Bois, onde morávamos, existia um padre, Smith era seu nome, que escrevia livros sobre história religiosa e era um conhecedor de lesmas. Se o nosso padre estava de visita marcada e por acaso chovia, ele chegava — que pecado para um inglês! — atrasado, porque as lesmas haviam saído por causa da chuva e ele as recolhia uma por uma para sua contemplação. Não conseguia agir de maneira diferente, era conhecedor e colecionador de lesmas. Se estavam no meio do caminho, chegava atrasado. Seu rosto era como uma massa mole e disforme, e eu só compreendi este rosto quando me dei conta que ele tinha o rosto das lesmas. Seu rosto era pelado como o corpo de uma lesma. Numa casa não muito longe da nossa, morava um outro senhor, Mark Channing, que durante muito tempo estivera na Índia, a serviço do exército. Aproximara-se dos [...] dos indianos e escrevera livros sobre a Índia que eram bastante lidos. Morava com uma moça jovem que ele chamava de Ariel e que às vezes tinha que dançar para ele. Channing sofria do coração e não se podia permitir movimentos cansativos ou demasiado vivazes. Deleitava-se tanto mais quando a jovem moça dançava para agradá-lo. Morreu ainda durante o tempo em que morávamos lá e foi cremado, como era o seu desejo. Visitei Ariel, como se fazia em tais ocasiões, para dizer-lhe palavras amáveis e de consolo. Ela ficou muito contente, mostrou-me as cinzas dele e instigou-me a tocá-las. Perguntou se queria que dançasse para mim, mas eu recusei.

Conheci muitas pessoas ali e tenho muito o que contar sobre elas, mas percebo que, aos poucos, começo a esquecer seus nomes. Há pessoas que durante alguns anos eu via diariamente. Elas passavam por mim, eu por elas. Algumas eu visitava em seu jardim, outras encontrava em um sarau musical que acontecia uma vez por mês. Algumas me convidavam, de outras vim a saber histórias engraçadas e comoventes. Tento trazer seus nomes à superfície. Apenas em alguns casos o consigo, e contudo não se passaram nem cinquenta anos desde a época em que representavam a vida em torno de mim. Sr. e Sra. Crovo — havia o Sr. Crovo, a quem dirigi a palavra na primeira visita a Amersham. Ainda não conhecia nada do lugar e tinha de visitar Marie-Louise, que se mudara para lá com sua mãe, havia pouco tempo. Na Chestnut Lane, encontrei um homem com cabeça redonda loira e olhos claros que não era nada velho. Perguntei por Stubbs Woods, a rua onde Marie-Louise morava com sua mãe. Ele se ofereceu para mostrar-me um atalho que passava por seu próprio jardim, grande e abandonado, através de muitos arbustos e matagais. Era falante, no caminho pôs-se a fazer perguntas, de onde eu vinha, o inglês dele soava um pouco duro. Quando falei que nascera na Bulgária, em uma cidade chamada Rustchuk, às margens do Danúbio, ficou pasmado, já que ele próprio era romeno e vinha de uma cidade do outro lado do Danúbio, de Giurgiu. Fora engenheiro petroleiro e viera cedo para a Inglaterra. Casara-se com uma inglesa que tinha sua propriedade em Amersham e vivia ali havia décadas. Pelo meu nome, deduziu que eu era sefardi[7] e não se pôde abster de contar uma piada de judeus, que, no entanto, travestiu de forma que não me insultasse diretamente. Isto nunca acontecera comigo na Inglaterra, já que agora se fazia guerra contra as pessoas que pensavam assim. Ele visivelmente desfrutou o encontro, acompanhou-me um bom tempo, acho que por desvios, pelo matagal, e mostrou-me finalmente, assim que nos encontrávamos em Stubbs Wood, a casa de *Miss* Meakin, onde Marie-Louise morava com sua mãe.

Mr. Yetts — o sinólogo que outrora fora marinheiro. Creio que mais tarde virou professor de sinologia em Londres.

Não sabia alemão e pediu-me que lesse um livro de Franke sobre o confuciano (do período Han) Tung Chung-shu e que o contasse para ele em inglês.

Mr. Falconer — um egiptólogo, discípulo de Alan Gardiner, o grande egiptólogo inglês, autor da gramática com a qual se ensinava o egípcio naquela época; era tio de Friedl, casado com sua tia Heddi, de Viena.

Falconer também estivera no exército. Interessava-se principalmente pela arte de guerra dos velhos egípcios. Não era um cidadão do mundo como Yetts, parecia um tanto limitado com as polainas que sempre usava.

---

7. No original, *Spaniole*. O termo *spaniolim* é por vezes usado para diferenciar descendentes de judeus expulsos em 1492 da Espanha que vieram a se estabelecer nas diferentes dependências do antigo Império Otomano de outras comunidades sefardis, como aquelas que se assentaram no norte do Marrocos ou as famílias que num primeiro momento permaneceram como criptojudeus na Espanha e em Portugal para depois se "reconverterem" ao judaísmo na Itália, nos Países Baixos, na Inglaterra e nos países do Novo Mundo. [N.T.]

Veza Canetti no Atelier Von Marie-Louise

Mas de tempos em tempos havia conferências em sua casa e ele mostrava para as pessoas boas reproduções de pinturas tumulares egípcias.

Miss Brailsford — de uma antiga família de quacres que escrevia livros históricos. Deu-me um estudo seu sobre James Naylor para ler. Uma mulher baixa, franzina, muito velha, que sempre balançava a cabeça. Seu irmão era

H. N. Brailsford — o famoso jornalista e escritor. Era um homem muito velho quando o conheci. Escreveu muito cedo reportagens sobre a Guerra dos Bálcãs para o *Manchester Guardian*. Era um daqueles bem informados e minuciosos jornalistas que havia naquele tempo no *Times* e no *Manchester Guardian*. Interessava-se então, como por tudo que concernia aos Bálcãs, também pelos sefardis, e adquirira por um preço muito baixo, em um *barrow*, a velha edição da história dos turcos de Rycente (do século XVII). Este livro é muito importante porque contém a história contemporânea de Sabbatai Zwi. Brailsford deu-me este livro *de presente*, por nenhuma outra razão além de eu ser sefardi. Era o volume mais velho da minha biblioteca e provavelmente muito valioso. Dei-o de presente muito mais tarde a Gershom Scholem, quando me visitou em Hampstead.

Saraus musicais — mensais, na sogra de *Eric Newton*. No que diz respeito à música, o centro destes encontros era Francesco Ticcioti, um discípulo de Busoni. Mas havia ali tudo quanto é palestra, sobre pintura, literatura, filosofia.

A alemã que era casada com coronel Sparrow. — Antes era casada na Alemanha, com um oficial da SS de escalão relativamente alto. Separou-se de seu marido — ou ele foi morto na guerra? — e conheceu de algum modo coronel Sparrow, que se casou com ela. Sobre os caminhos que levaram a esta união não sei dizer mais do que isso. Ela tinha um filho com ele que era ainda um bebê quando, no último verão da guerra, saíram os Flying Doodles, os novos foguetes inventados pelos alemães. Um deles caiu na casa dos Sparrow, em nosso povoado de Chesham Bois, e matou aquele bebê. A mãe sentiu-se perseguida pelos alemães por sua traição e quase ficou louca. Demorou muito tempo, acho que uns bons seis meses, até que ela se recuperasse do golpe e adotasse duas crianças negras.

A jovem atriz ruiva e sua mãe. — Eram espíritas. A filha também pintava e dizia estar possessa por Jan Steen. Acreditava pintar conforme a sua sugestão. Era preciso ver estes Jan Steen.
Fomos às vezes ao Repertory Theatre, já perto de Old Amersham. Era o tempo das peças de Priestly, concebidas sob a influência da filosofia do tempo de Dunne.

A livraria. — *Mr.* Milburn compra os *Four Quartets* de Eliot, ao preço de 1 *shilling* cada. O seu terror pânico por causa do preço quando chega em casa. Faz com que eu fique com eles para que sua mulher não veja quanto custaram.

A velha Daisy. — A filha Kathy. Ela e seu pai entregam o leite com seu carrinho. A mãe está doente. Tem fortes depressões que duram o inverno inteiro. Neste tempo não sai da cama. Às vezes ouvem-se seus gritos. Na primavera está melhor. Pode-se visitá-la. Ela mostra suas flores e o grande cerejal, todas as coisas permanentes. Esqueci o nome da família. É a mulher mais velha de Chesham Bois, na Chestnut Lane.

Mrs. Lancaster, a irlandesa — em cuja casa Veza morou durante algum tempo. Seu marido horrível. O velho Grocer, seu amante.

Mrs. Milburn, Amersham

"Durris", Stubbs Wood, Chesham Bois

Mr. Milburn teve um papel importante em nossa vida. Morávamos em sua casa em Chesham Bois quando mudamos de Londres para o campo. Os ataques aéreos aumentavam, a situação da guerra estava ruim. Os alemães conseguiam uma conquista após a outra.

Quando me apresentei em "Durris", Stubbs Wood, *Mr.* Milburn estava sentado na sala com sua mulher. Havia um piano de cauda, ela antes dera aulas de piano. Ela era tão crente quanto ele, sua inocência estava escrita na cara com grandes letras. O cabelo branco sobre o rosto alongado era escasso, os olhos muito abertos para a reza. Sua natureza medrosa ainda vinha da extensa época de sua vida que passara sozinha. De uma profeta, que a aconselhava, recebeu a visão de um homem que vivia solitário com seus livros em uma casa coberta de hera em New Forest. *Miss* Slough, a profeta, que depois vim a conhecer bastante bem, fez uma boa obra para os dois, quando lhes fez o retrato de seu abandono e os convenceu de que juntos viveriam melhor.

Mr. Milburn, que atendia pelo primeiro nome, Gordon, era ainda mais magro do que Mary, a quem chamava uma vez por semana, sob circunstâncias especiais, de Agnes. Seus cabelos eram ainda mais escassos do que os dela. Seu rosto tinha rugas verticais profundas. Talvez por causa dos estudos, estudara sempre. O pequeno cavanhaque representava o único atrevimento em sua pessoa. Foi muito gentil quando soube que éramos emigrantes de um país de fala alemã, e até de Viena. Talvez imaginasse que tivéssemos vivido coisas horríveis, o que não era bem o caso. No que diz respeito aos perseguidos, tinha um coração cristão. Mostrou-me no andar superior os quartos que podíamos ocupar, de tamanho normal o primeiro, uma sala onde Veza também poderia dormir e, ao lado, um minúsculo dormitório para mim. Era um povoado cheio de jardins, um mais atraente que o outro; em frente às nossas janelas, havia dois álamos, que o dono da casa me apontou. "Não tiram nada da luz", disse, "o senhor vai poder escrever bem aqui." Ele estipulou um preço incrivelmente barato para o aluguel. Almoçaríamos com os dois, a comida de sua mulher era vegetariana. Ela quis dizer alguma coisa. Ele não deixou e disse, com a maior gentileza de que podia lançar mão, "eu também escrevo um pouco". Percebi o quanto ele queria que fôssemos morar com eles. As autoridades haviam obrigado os donos das casas de campo da região a abrigar pessoas de Londres. Àqueles que não achavam ninguém por conta própria atribuíam pessoas, o que nem sempre era agradável. Algumas casas amplas eram ocupadas apenas por solitários senhores idosos ou, mais frequentemente, por senhoras. Era contra qualquer sensatez deixar estas casas praticamente vazias, se cada vez mais pessoas estavam saindo de Londres. *Mr.* Milburn julgava-se afortunado de haver encontrado para hóspedes pessoas que não tinham crianças e — o que a seus olhos talvez fosse o ponto principal — que pediam permissão para levar alguns livros.

Não nos julgávamos menos afortunados. Os quartos eram agradáveis, claros e limpos, e o jardim estendia-se largamente colina abaixo. Assim eu imaginara a vida de campo na Inglaterra que ainda não conhecia. *Mr.* Milburn, que fora padre, parecia não mais exercer esta profissão. Tentei imaginar que tipo de livros ele escrevia e supus que fossem tratados, o que, porém, era apenas a parte maior da verdade.

Mudamos já no dia seguinte. *Mr.* Milburn estava como que num êxtase de felicidade quando nos recebeu. Ele era tão magro que eu não teria suspeitado de qualquer resquício de sentimento nele. Mas, neste momento da nossa mudança, eu me enganara a seu respeito. Recebeu-nos sem qualquer reserva e ditou, de início, regras admiravelmente poucas. Deviam haver inúmeras leis a não ser infringidas na casa, mas ele não falou delas, queria nos agradar. Sua mulher assustou-se um pouco com Veza, que não conseguia reprimir o fogo em seu rosto e logo começou a contar dos ataques aéreos a Londres. Tais coisas *Mrs.* Milburn não gostava nem de pronunciar, nem de ouvir. "O mal não existe realmente", ela disse com brandura, "o mal é uma imaginação nossa." "E as bombas?", perguntou Veza, apesar das minhas tentativas desesperadas de fazê-la calar. "As bombas são imaginação nossa", disse *Mrs.* Milburn. Veza percebeu finalmente os meus sinais e calou-se. No entanto, ela os interpretou mal e pensou que minha intenção era dar a entender que se tratava de uma louca ou, mais precisamente, de uma demente.

Isso não parecia ser um bom começo para as refeições em conjunto, na hora do almoço. Uma vez, porém, que estávamos "em casa", consegui mudar a opinião de Veza. Tratava-se de uma pessoa completamente inocente e casta, que nem sequer conseguia imaginar o mal de que seres humanos são capazes. Disse que Veza logo sentiria pena dela. Porque como o mal era — nestes tempos de guerra — por demais evidente, certamente lançaria mão de Satanás e o *maldiria* como instigador perigoso. Isso aconteceu tão cedo que Veza, que não era facilmente impressionável por tais assuntos, expressou o maior respeito por meus conhecimentos da natureza humana. De Satanás ouviríamos muito nos próximos tempos. Ele estava por toda parte. Tinha em cada *pub* seu quartel general. Às vezes, *Mrs.* Milburn aparecia na frente do *pub* mais próximo, que estava a apenas cinco minutos de sua casa, e advertia com pequenos discursos os alcoólatras, que ficavam do lado de fora com seus copos de cerveja na mão, sobre o mau exemplo que davam.

Ela, que normalmente tremia como vara verde, não tinha medo dessas enérgicas intervenções. Mais tarde, quando já nos confiávamos algumas coisas, *Mr.* Milburn confessou-me que estava preocupado com isso quando íamos dar entrada na sua casa. Certo, de modo algum nos considerava alcoólatras, mas Mary não admitia nem uma gota de álcool na casa e, na primeira aparição fogosa de Veza, aventara junto ao marido a hipótese de que minha mulher tivesse bebido ou que ela talvez até fosse de Satanás.

Mas, apesar da calma campestre à nossa volta, havia guerra, e é quase inimaginável que pessoas que temem o mal de tal maneira que ou o têm por irreal, ou o atribuem à influência pessoal de Satanás, e acreditam alternadamente numa ou noutra coisa, é quase inimaginável, digo, que essas pessoas conseguissem lidar com a guerra. *Mr.* Milburn lia diariamente o *Manchester Guardian*, um ótimo jornal liberal, e interessava-se apenas pela grande política mundial. Odiava Hitler e sua guerra. Enchia-o de satisfação que o bem e o mal estivessem, neste caso, tão nitidamente diferenciados. Em momento algum titubeávamos, ele e nós, qual dos dois lados representava o direito e, principalmente, qual dos dois a injustiça. A injustiça tinha mais formas e era também muito mais viva, porque provinha imediatamente de Satanás. Mas tampouco se podia negar que na época da nossa mudança a injustiça estava vencendo por todas as partes e que uma tentativa de invasão dos alemães na Inglaterra não era considerada impossível.

O que mais obsedava *Mr.* Milburn era sua sede de profecia. Tinha o maior respeito pelos profetas, eram estes os livros da Bíblia que, à parte os evangelhos, lia sempre. A si próprio nunca atribuiu dons proféticos, mas necessitava deles e procurava-os nos outros. De tempos em tempos, *Mr.* e *Mrs.* Milburn recebiam a visita de uma profeta que, de tempos em tempos, ia à casa de todos os seus fiéis. Estes viviam espalhados pelo país e a profeta tinha que usar o ônibus para suas visitas, encarando sem medo viagens de uma ou duas horas. *Miss* Slough, este era seu nome, Lilly Slough, era uma mulher alta, um pouco gorda, com um olhar esponjoso, que ainda assim era firme e cheio de expectativa. Ela me lembrava as imagens de xamãs, que eu conhecia de livros sobre os povos do norte da Sibéria. Nunca presenciei, porém, um surto profético nela, isso acontecia lá em baixo, na sala de estar dos Milburn. Eu só a via na nossa parte superior, ela nunca entrava na casa sem primeiro nos visitar lá em cima. Nestas ocasiões, inquiria-me timidamente sobre a situação do mundo. A princípio, suas perguntas eram hesitantes, mas logo se tornaram seguras e inteligentes. Ela ouvia bem, apercebia-se de todas as contradições, não descansava até que elas fossem devidamente esclarecidas, e nunca tentou vaticinar algo a *nós*, a Veza e a mim. Ao contrário, eu tinha a forte convicção de que ela *precisava* de pessoas como nós, que pareciam estar a par da situação, para as suas profecias. Eu também, como todos os outros, cada um a sua maneira, tinha esperanças pelas quais procurava amenizar em todos os aspectos as grandes aflições. Agarrava-me a qualquer coisa, não havia muito naquela época, e depois não me surpreendia pouco ao ouvir no que a minha tábua de salvação se convertera. Depois de uma hora, *Miss* Slough deixava-nos e descia para ter com *Mr.* e *Mrs.* Milburn, que a aguardavam na maior excitação. Ali tinha então seu surto, que não demorava nem metade do tempo da visita aos nossos aposentos no andar de cima. Ia-se da casa numa espécie de transe. Eu a via de costas, como se afastava da casa pelo caminho de cascalho, ereta e tesa, nem sequer olhava para trás. Eu tinha certeza que ela sentia o meu olhar em suas costas. Mas ela sabia que não podia acenar cordialmente para mim, pois lá em baixo, em sua sala, *Mr.* e *Mrs.* Milburn ainda tremiam junto à janela e não desviavam seus olhares até que ela desaparecesse.

Durante o almoço, que sempre fazíamos juntos, vínhamos a saber do teor exato das profecias de *Miss* Slough. Ela utilizava tudo que soubera de mim. Nada ficara de fora, eu reconhecia o caminho de suas perguntas e ouvia estupefato o que dissera em resposta. Tudo era intensificado numa linguagem bíblica, as mais secas informações soavam febris e grandiosas. Qualquer dúvida era inimaginável, e eu começava a acreditar em mim mesmo, até as coisas de que, há uma hora atrás, duvidara com veemência soavam agora como se houvessem saído de Isaías. Os Milburn careciam do dom de pronunciar os augúrios com o mesmo fervor com que haviam sido proferidos, mas sua comoção, principalmente a de *Mrs.* Milburn, que mais uma vez tremia feito vara verde, substituía o que lhe faltava de força. *Miss* Slough devia falar com inimaginável exaltação, o efeito de seu surto durava cerca de dois meses. Quando a pusilanimidade voltava a aumentar, ela reaparecia, no momento certo. Veza estava indignada com aquilo que ela chamava, com alguma razão, de fraude. Mas eu percebia que ela sentia secretamente, assim como eu, uma espécie de admiração pela rapidez e pela presença de espírito daquela mulher, que era completamente inculta e que ouvia alguns nomes pela primeira vez e já os sabia manejar. Ficávamos acanhados de admiti-lo mutuamente. Havia boas razões para sentir vergonha um pelo outro: os surtos, tal como nos eram relatados pelos Milburn, tinham certo efeito também sobre nós, que conhecíamos sua procedência em todos os detalhes.

Não se pode esquecer, além disso, que todas estas coisas, as informações assim como as profecias alimentadas por elas, aconteciam em língua inglesa. Naquele tempo, familiarizava-me com as poesias de William Blake, um dos mais maravilhosos poetas da língua inglesa e de todas as línguas. Creio que jamais o teria entendido realmente sem as vivências com esta *Miss* Slough, que era espiritualmente pobre.

Há de ser dito também que os dois, *Mr.* e *Mrs.* Milburn, deviam a ela algumas coisas absolutamente essenciais. Tinham vivido sós até a idade avançada. Ela como professora de música torturada pelo medo, ele como padre que abrira mão do sacerdócio por causa de escrúpulos religiosos. Retirara-se a uma casa solitária, coberta de hera, em New Forest. *Miss* Slough conhecia ambos já naquela época e costumava visitá-los quando ainda não sabiam um do outro. Ocorreu-lhe que seria melhor para os dois se vivessem juntos e soube impregnar cada um com a visão do outro solitário. A esperteza com que procedia, o acerto de suas visões, mereceriam um relato preciso. Tenho que abrir mão dele e digo apenas de forma sucinta que foi unicamente ela que ocasionou esse casamento e que nenhum dos dois teria suportado uma vida com outra pessoa.

Se *Mr.* Milburn foi algum dia dotado de sentimento é difícil dizer. Quando o conheci, não havia o menor traço. Ele era consciente do fato e não ansiava por mais. Antes de contar como nós dois, ele e eu, fomos à procura de sentimentos para ele, quero ilustrar a dimensão de seu ressecamento interior com um exemplo. Ele era avarento a um ponto que não cheguei a ver nem antes nem depois. Não se permitia nada, e tampouco permitia algo a qualquer outra pessoa. As coletas públicas de dinheiro, naquele tempo de guerra, representavam torturas infernais para ele. Entre elas havia também um Agricultural Red Cross Fund, um "Fundo Agrícola da Cruz Vermelha". *Mr.* Milburn comprometeu-se, como todos os seus vizinhos, a contribuir todas as semanas com um *penny* para este fundo. O homem com a lata passava todas as segundas-feiras pela manhã, entre dez e onze horas. O casal Milburn levantava sempre cedo para aproveitar bem a luz do dia. Às segundas-feiras, reinava uma agitação especial. Eu escutava *Mr.* Milburn andar ligeiro de um lado para o outro. Ele subia e descia as escadas, corria da casa parar o jardim e deste de volta à casa, até que, por volta de dez para as dez, desaparecia por completo pelo caminho de cascalho. Ficava fora por muito tempo e eu supunha que ia ao povoado por causa das compras, as lojas ficavam um bocado longe. Logo depois das dez, vinha então o homem com a lata de coleta e perguntava por *Mr.* Milburn. Eu pagava o *penny* devido em seu lugar. *Mr.* Milburn voltava só depois das onze e desaparecia em seu escritório. Antes do almoço, eu lhe dizia que o homem com a lata de coleta passara. Ele se mostrava bastante aliviado e agradecia-me de maneira efusiva. Isto repetia-se segunda-feira após segunda-feira até que finalmente entendi que todas as segundas ele evitava a sua casa por duas horas para não ter que pagar o *penny* solitário.

Mr. Milburn contou-me — por gratidão — muito de sua história. Estivera como padre — membro da Church of England — na Índia e ensinara ali durante muitos anos em uma escola de missão. Aos poucos, começou a duvidar dos 39 artigos de fé desta igreja. As dúvidas tornaram-se cada vez mais fortes e ele saiu da agremiação. Foi naquele tempo que começou a sua busca, de crença em crença, de seita a seita, que durou decerto mais da metade de sua longa vida. Deparou-se com as coisas mais surpreendentes, sentia-se arrebatado e seguia as doutrinas por algum tempo com total devoção, até que se mostravam falsas e o enchiam de ódio. Então condenava duramente aquilo que de repente lhe parecia mentira e abraçava uma nova vertente de fé, da qual esperava redenção. Paulatinamente consegui juntar os pedaços de sua história. Visitei com ele, por assim dizer, a escola das seitas inglesas. Não faltou uma, ele não deixou passar nenhuma. Pode-se dizer que ele mudava mais ou menos a cada dois anos, como se fossem sempre casas novas, em que se assentava, e apesar de, como já disse, carecer completamente de sentimentos, esta necessidade religiosa de assentamento nunca o deixou. Ele não se poupava e estudava todos os dogmas da respectiva doutrina. Em seu escritório no térreo, cujas janelas

Anne's Corner, Chesham Bois

davam para o caminho de cascalho que saía da casa, escrevia sem parar. Cadernos e mais cadernos de escritos enchiam aquele quarto. Às vezes, conseguia atrair-me para lá. Então não havia escapatória, e ele dava-me pelo menos uma dúzia de manuscritos para que eu lesse lá em cima. Seu estilo era sóbrio e sem qualquer metáfora, afirmativa depois de afirmativa, em rígida numeração. Era mais ou menos como ler listas de livros, mas sem a diversão da variação dos nomes. Era o mais prosaico que eu tinha visto até então, em uma vida de quase quarenta anos. Eu tinha tanta aversão a essa escrita que me dediquei com intensidade cega, com mais energia do que nunca, àquilo que sempre me fascinara: os pré-socráticos e os mitos de todos os povos em que pudesse deitar a mão.

Em tais ocasiões, eu ouvia de *Mr*. Milburn quais os dogmas de determinadas seitas que afligiam sua consciência. Sua consciência era tão inesgotável e confiável quanto seu sentimento murcho e ressecado. Na Índia também se dedicara aos Upanixades, estudara sânscrito, para entendê-los com mais confiabilidade, traduzira alguns deles para o inglês e publicara-os, um de seus poucos livros, os quais existiam sem que ninguém os conhecesse. Buscara nos indianos, isso era evidente, o sentimento do mundo, na esperança de ser capaz pelo menos dessa emoção. Mas logo encontrou também nos indianos aquilo que era da sua natureza: classificações, delimitações sutilíssimas, diferenciações engenhosas. Isso tampouco conseguiu saciar sua sede de sentimento, e ele abandonou a história sem, no entanto, a condenar ou vilipendiar. O que me causava sempre novos sustos era a abundância de seitas que ele experimentara. Vestia-as todas como se fossem casacos e depois as tirava, no entanto jamais jogou alguma fora, guardava todas elas justamente como roupas velhas; creio que sua avareza tinha origem nisso, jamais pôde se separar por completo de qualquer crença que algum dia trajara. Talvez fosse habitado pela esperança secreta e modesta de que um dia seria possível compor, com todas elas juntas, a crença certa.

Ele me descreveu as profetas que haviam frequentado sua casa — com respeito a profetas homens, era muito mais desconfiado. Emily, uma mulher que ele conheceu apenas num estágio posterior, passara por uma vida aventurosa. Juntara-se a um persa vistoso com barba extraordinariamente preta, um místico bem-apessoado que viajava pelos países e enchia os salões com discursos de abdicação. Um grupo de mulheres abastadas, ao qual pertencia também Emily, formava sua guarda pessoal e, já que todas eram igualmente indiferentes para ele, que vivia uma vida de asceta, não surgia o menor resquício de ciúmes nesta guarda. Com seu séquito, Emily estivera em todas as grandes cidades americanas e inglesas. Um belo dia ela o viu, atrás do palco, imediatamente antes de entrar em cena, com uma das damas da guarda no colo, e assustou-se tanto que desmaiou e teve de sair carregada dali. Quando recuperou a consciência, decidiu reparar seus pecados. Em cada cidade em que tinha estado com ele, alugava o mesmo salão e proferia um apaixonado discurso contra o sedutor. Culpava-se por não o ter descoberto e prevenia seus antigos ouvintes, do mesmo lugar em que ele falara, contra ele. Como era rica, conseguiu cumprir o dever com sua consciência durante dois anos. Não deixou de ir a nenhuma cidade em que estivera com ele e, com uma única exceção, conseguiu alugar sempre o mesmo salão.

Só então se aquietou seu desespero e ela se voltou para os adventistas, onde foi testemunha de uma maravilhosa profecia. Esperava-se o regresso do Senhor para dali a poucos anos e sabia-se onde ele colocaria o pé na terra primeiro. Tratava-se de uma colina em Cornwall, que Emily comprou imediatamente para estar desde sempre próxima do local do regresso. Com esta compra terminava a história de Emily. *Mr.* Milburn conheceu-a nessa época da compra da colina. Ela lhe contara a história persa com uma comoção ainda grande. Estava banhada em lágrimas quando do fechamento da compra daquela colina em Cornwall. Pediu a *Mr.* Milburn que fosse testemunha da assinatura. Ele observara-a no ato e, como me confessou com alguma vergonha, invejara-a pelas lágrimas.

Esta foi uma de suas experiências de seita mais edificantes. Havia também outras. Se falasse de todas, resultaria um livro de inimaginável riqueza. Não há nada em que os seres humanos não tenham acreditado, não há nada que não tenham esperado. Obrigo-me a não relatar mais nada. Não desejo que se percam todas as esperanças.

Mr. Milburn, como se pode imaginar, não receava dificuldades, a não ser que se tratasse de dinheiro. Tinha aprendido, como já disse, sânscrito, e aprendeu também alemão. Isso foi num período precoce, ainda regular, quando se satisfazia com a leitura de reconhecidos teólogos e historiadores da igreja. Havia muitos alemães entre eles, e ele os lia em alemão.

Mas havia em nosso anfitrião um desejo secreto que ele alimentava havia muitos anos. Minha surpresa não foi pequena quando o expressou, tímido e com voz suplicante. Tentou, no tempo em que aprendera alemão, ler Hölderlin e não entendeu nada. Estaria eu disposto a ler e explicar-lhe alguns trechos de Hölderlin?

Se eu estava disposto! Fiquei feliz com este desejo. Tinha de ficar em segredo para sua mulher. Percebi, sem o entender completamente, que ele se sentia culpado por este desejo. Do outro lado do jardim, que se inclinava para o vale, havia um grande carvalho com uma mesa de madeira e um banco na frente. Ali se ficava escondido dos olhares da casa. A grama estava tão alta, o caminho lá para baixo era tão longo que nem sequer se escutava quando alguém chamava da casa.

Ali sentava-me diariamente, durante um verão inteiro, e praticava — infelizmente tenho de dizê-lo dessa forma — Hölderlin com *Mr.* Milburn por uma hora. Enquanto eu lia, mudava a feição de seu rosto. Ficava cheio de expectativa, como uma criança. O homem ressecado, cujo rosto era só rugas, brilhava. Eu sempre me perguntara antes onde ele escondia os seus olhos. Ele jamais interrompia o fluxo de um poema. Eu tinha a sensação de que não entendia nada, mas que *ouvia* com grande intensidade. Quando eu terminava algo, ele permanecia em silêncio, como se temesse destruir o momento com a sua voz grasnante. Era *eu* que tinha de falar primeiro. Fazia então o que menos aprecio entre todas as coisas neste mundo: tentava explicar-lhe o poema. Em qualquer outra ocasião, nunca me teria perdoado a atitude, mas aqui, em tais circunstâncias, estava certa. Ele recebia as explicações como se fossem o comentário a um texto sagrado. Comecei a ter uma noção, porque ele estava incessantemente a caminho, de um texto dessa ordem a outro. Nada do grego lhe perturbava. Aceitava os nomes dos deuses gregos como se se tratasse do Salvador. Creio que a variedade desses nomes foi uma redenção própria para ele. Não me envergonhei em momento algum. Não pedi perdão ao poeta, como o faria normalmente, por qualquer explicação de poesia.

Com este homem "pratiquei" diariamente Hölderlin, durante muitas semanas. Aviões sobrevoavam o jardim. Éramos da opinião, naquele momento já equivocada, de que havia alemães entre eles. Como ainda hei de relatar, não existia nada que ele temesse *mais*. Seu temor era quase igual ao de sua mulher, a quem chamávamos de Dona Vara Verde. Não quero diminuir sua felicidade-de-Hölderlin. Mas ele se sentia protegido pelo poeta. Não prestava atenção em nada, exceto às suas palavras. Certa vez, escutando um motor ruidoso, levantou o olhar, presumiu que era de um avião alemão e disse: "Talvez o piloto esteja levando um Hölderlin no bolso". Perdi o fio da meada e não disse nada. "Está tentando perdoar aqueles que mais teme", pensei, "o homem mais avarento que conheço ainda assim é — por esse instante — um cristão." Sei muito bem do abuso que cometi contra Hölderlin naqueles dias. Não me arrependo, porque não perdi nada de sua literatura.

Não renego esta memória da guerra, que poderia parecer indescritivelmente descabida. Não me envergonho dela. Sou consciente daquilo que acontecia naquele mesmo instante a outras pessoas. E sei também que coisas deploráveis vivenciei com essas duas pessoas, durante os anos em que morávamos em sua casa. Sei o quanto Veza, que não tinha o dom da dissimulação, sofria por sua causa. Mas também tenho sempre o rosto de *Mr.* Milburn diante de mim, transformado por essa poesia.

No primeiro tempo da nossa estadia em "Durris", Stubbs Wood, as sirenes ainda soavam com frequência. *Mrs.* Milburn, que tinha ouvidos muito sensíveis, começava a tremer o corpo todo. "Gordon, onde você está?", chamava lastimosa pelo marido. Logo se encontravam. Ele tomava-a pela mão e levava-a, arrastando os pés, depressa para a cozinha. Lá havia uma mesa de madeira quadrada, grande e sólida sobre pés fortes. Os dois, sem largar jamais a mão um do outro, enfiavam-se debaixo dessa mesa e deitavam-se lado a lado sob o seu céu protetor. Ficavam quietinhos para não chamar a atenção, presume-se que, como sempre, desatavam a rezar nessas circunstâncias, porém em silêncio. Aos poucos, graças a Veza, acalmavam-se. Veza nunca sentia medo em tais situações. Simplesmente não tinha tempo para isso, já que sempre havia outros que ela tinha de proteger do medo. Ela movia-se calmamente pela cozinha, onde normalmente era proibida de entrar, mexia com a louça e preparava a comida. Se o ataque durava muito tempo, os Milburn ficavam com fome. Nunca o *diziam*, o temor de que com suas vozes pudessem chamar a atenção de um piloto lá em cima nunca cessava, mas quando Veza lhes empurrava a comida para debaixo da mesa, devoravam-na com a avidez de cachorros. Os ruídos deles comendo era ouvido até do nosso andar. Enquanto cachorros, não temiam a atenção dos pilotos lá em cima. Só seres humanos tinham que sumir completamente. Em tais ocasiões, eu também descia para a cozinha, por nada perderia um espetáculo desses. A presença de Veza dava-lhes uma sensação de proteção, que aumentava com a minha chegada silenciosa. Era difícil acreditar que as duas pessoas magras debaixo da mesa tremiam e que ainda assim comiam com avidez. Quase inconcebível me parecia isso num país em que não vi nenhuma vez pessoas, mulheres, crianças, com medo, mesmo sob perigo real, mesmo quando do incêndio da City de Londres. Acontecia o que tinha de acontecer, em tranquilidade completa, crianças não gritavam, mulheres jamais ficavam histéricas. Tudo era previsto, sabia-se o que tinha de ser feito e, assim que caísse uma bomba, apareceria ajuda no ato.

Se eu contemplava o velho casal debaixo da mesa da cozinha, permanecendo horas a fio quase imóvel, e contudo sem acanhamento de executar todos os movimentos necessários para comer, se me envergonhava um pouco por não me abster de assistir à cena, estando ao mesmo tempo cheio de orgulho de Veza, que fazia a única coisa certa e acalmava os dois aos poucos pelos afazeres relacionados à comida, e se reflito hoje sobre a situação, cinquenta anos depois, depois de mortos todos os três, percebo que *Mrs.* Milburn temia algo realmente poderoso: a ira de Deus. Tinha-a imutavelmente diante dos olhos e com ela contagiava também o marido, que vagava errante de uma crença a outra e decerto não esperava a todo momento pela ira de Deus. Veza, porém, encontrava-se protegida do medo quando salvava os outros dele. Contudo, com as visões daquilo que acontecia sem cessar nos países da Europa, padecia de tormentos infernais. "Você gostaria de trocar um dia com os Milburn?", perguntei-lhe num momento em que ela acabara de prestar seus serviços assistenciais e se sentara um tanto exausta numa cadeira. "Por que não?", disse ela. "Não seria mau saber uma vez *de verdade* como os outros se sentem, ao invés de apenas imaginá-lo. Mas comer, não comeria não. Ninguém me faria comer."

Veza tinha muita vergonha do fato de eu "ensinar" Hölderlin a *Mr.* Milburn. Era assim que ela chamava a minha atividade e uma vez sucumbiu à tentação de esconder o livro.

O gari

O gari de Chesham Bois, onde vivíamos no campo, um homem velho e firme, com uma cabeça vermelha redonda e uma coroa de cabelos brancos, tinha a aparência de um apóstolo recém-pintado. Era como se tivesse saído de um quadro muitas vezes visto, mas sem que *ele próprio* parecesse conhecido. Ficava sempre na mesma esquina em que um caminho de pedestres bifurcava da Chestnut Lane em direção à Stubbs Wood. Manejava sua vassoura com tranquilidade, como se tivesse muito tempo, apoiava-se nela quando fazia uma pausa e então olhava firmemente para frente. Encarava a todos que vinham pelo caminho, mas saudava apenas alguns. Com muito poucos, porém, travava conversas. Era ele quem dirigia a palavra, teria sido estranho começar por si próprio a conversação, já que sua atividade de gari poderia provocar algo como condescendência nos outros. Justamente isso, porém, era impossível com este apóstolo evidente. Pessoas parecidas servem às vezes de modelo para pintores. Mas neste caso, só pensar tal coisa já pareceria descabido.

Na esquina da Chestnut Lane, havia uma mercearia e, ainda que naquela época de guerra houvesse pouco que comprar, as pessoas iam pelo menos buscar as suas rações. Era, para um povoado pequeno, uma quantidade relativamente grande de gente que se via, mais do que em qualquer outra esquina, em virtude da loja.

O gari observava bem e conhecia todos. Não apenas por causa de sua idade, ele era a pessoa mais experiente do povoado inteiro. Tinha um jeito lento de olhar e não sentia vergonha de demorar os olhos por muito tempo em alguém. Pessoa alguma se atreveria a pensar que ele era curioso. Mas, à sua maneira, era precisamente isso. Foi assim que senti seu olhar em mim, a primeira vez que saí da loja. Assim o senti nas minhas costas durante o tempo todo na calçada que ligava as duas ruas. O que via quando olhava as pessoas se afastarem? O fato de ele encarar os transeuntes parecia tão natural quanto a sua coroa de cabelos brancos. Mas em seguida apreendia também, durante o maior tempo possível, o movimento das pessoas em cujo rosto olhara. Sempre me senti bem em sua companhia. No começo pensei que isso tivesse que ver com a circunstância de que ele vinha de um outro mundo, no qual não se falava nunca de guerra. Mas foi um ledo engano, porque depois que eu já o conhecia de vista havia um bom tempo e ansiava — realmente não posso dizer outra coisa — por uma conversa, depois de passar muitas vezes por ele e não ter coragem de lhe falar, o momento desejado chegou da maneira mais natural e, mesmo assim, mais surpreendente. Ele me perguntou se eu tinha ouvido o noticiário do dia e o que achava das novas. Falava devagar, de um jeito completamente articulado, numa língua que em outras circunstâncias eu teria classificado como bíblica. Em todo caso, tratava-se de acontecimentos do momento, de bombardeiros, tanques e navios de guerra. Estava bem informado e sabia mais do que poderia ter sabido meramente pelo noticiário. Escolheu-me, sem pronunciar qualquer gentileza, para sua pergunta, porque esperava alguma informação de mim. Eu sabia que com outros ele falava de outros assuntos. Sobre netos e crianças pequenas que haviam sido evacuadas para o campo, sobre noites tranquilas, sobre o bosque de faias nos arredores que fora derrubado. Não podia saber nada sobre mim, já que, com exceção de *Mr.* e *Mrs.* Milburn, eu era desconhecido de todos no povoado. Foi então que ele disse na minha cara: "Eu sei, o senhor lê, há algo que eu não entendo", e em seguida vieram as perguntas. Muitas delas eram tão inteligentes que eu não sabia responder. Isso, porém, não o perturbava, eu sentia que ele gostava de mim por isso. Foi a conversa mais *clara* entre todas que tive naquele lugar, onde morei por alguns anos. E teve continuação; sempre que eu passava, ele cumprimentava-me da maneira mais cordial. Nossa conversa continuava como se tivéssemos refletido sobre o que veio antes e como se ambos desejássemos completá-lo. Por sua linguagem, dava para perceber que lia muito a Bíblia, que é escrita num inglês magnífico. Mas nunca a citava, em contrapartida, deixava transparecer que lera, isso sim, o diário de George Fox, que no século XVII fundara a sociedade dos quacres. Também conhecia outros livros da época, que foi a mais agitada da história da Inglaterra e na qual surgiram muitas das mais importantes seitas. Não foi uma conversação erudita, para tanto eu tinha — infelizmente — *Mr.* Milburn. Mas ele tinha talvez oitenta anos e o vigor de um homem de cinquenta. Mentalmente era mais jovem ainda, estando ainda no tempo das perguntas que, no caso dele, não terminavam nunca. Nunca falava durante demasiado tempo e gostava de interromper de maneira abrupta, como se ainda quisesse refletir sobre algo antes de continuar a conversa. No encontro seguinte, jamais retomava o assunto anterior de maneira mesquinha, dando mesmo assim a entender que guardara tudo, até os mínimos pormenores. Não havia nada de supérfluo nessas conversas, que tampouco eram repletas de fórmulas vazias como as conversas de hoje. Isso já se evidenciava pelo fato de ele nunca falar do tempo, embora tenha havido um número suficiente de ensejos. Certa vez o vi, um tanto hesitante, numa pancada de chuva forte, e fiquei envergonhado de oferecer-lhe — a ele, que era muito mais velho do que eu — o meu guarda-chuva, e quando finalmente criei coragem e fui até onde estava, ele no mesmo instante buscou abrigo. De maneira que também naquela vez não trocamos, apesar da chuva, nenhuma palavra sobre o tempo.

Conheci, ao longo dos anos, muitas pessoas que viviam naquele povoado. Ele foi o único que amei de todo coração. Um dia, quando se soube do mais terrível, desta vez em detalhes e de modo incontestável, ele deu dois passos a meu encontro, o que jamais fizera, e disse: "Sinto muito pelo que está acontecendo à sua gente", "your people", disse, e acrescentou: "Também é minha gente".

(Ele vivia só em uma cabana muito próxima. Nunca estava doente. Quando deixou de aparecer por dois dias consecutivos, eu sabia o que tinha acontecido. Só houve quatro ou cinco pessoas cuja morte chorei como a dele.)

Herbert Read

Ele era um dos poetas marcados pelas experiências da Primeira Guerra Mundial, da guerra de trincheiras no norte da França. Dois deles morreram jovens no campo de batalha: Wilfred Owen e Isaac Rosenberg. Dois sobreviveram e alcançaram idade avançada: Siegfried Sassoon e Herbert Read. Só este último cheguei a conhecer. Não quero relatar agora o nosso primeiro encontro, ainda antes da Segunda Guerra Mundial, num almoço a três. A terceira pessoa daquele dia tornou-se um amigo que durante anos via uma vez por semana. Se o tempo o permitir, caberá a ele um capítulo próprio.

A segunda vez que encontrei Herbert Read foi durante a guerra. Já morávamos em Chesham Bois e um bibliotecário do Victoria and Albert Museum, que se instalara em uma casa da mesma rua, deu uma festa para artistas, homens de saber e funcionários públicos ligados à arte, para a qual fomos convidados. Foi uma daquelas recepções apertadíssimas, com todos os presentes em pé, tão características da Inglaterra, às quais nunca consegui me acostumar e com as quais ainda hoje, cinquenta anos depois, me espanto. O clima, neste caso, foi um tanto mais caloroso do que de costume. Muitos estavam evacuados por causa dos ataques aéreos e, como nós, moravam nos Chilterns. Outros tinham vindo especialmente de Londres, de trem, depois do trabalho. Talvez tenha sido esta mistura de procedências inusitadas que contribuiu para um ambiente mais cordial. Eu não conhecia ninguém, só o dono da casa e sua mulher. Todos os outros tinham caras novas para mim. Havia entre eles pintores que se tornaram notáveis por um novo tipo de quadros, inspirados pela insólita situação da guerra de bombas, que se confrontavam de uma maneira honesta e muitas vezes também fascinante com esta experiência completamente nova. Estes reconheci logo entre os convidados. Destacavam-se pelos rostos de traços marcantes ou pelo caráter inesperadamente retraído. Tentei decifrar alguns destes últimos. Seu comportamento estava em tal contradição com a sua fama súbita que fui acometido de espanto e admiração. Estava tentando lidar com o fato como eles com a sua fama, da maneira mais discreta possível, e já era quase seu discípulo quando notei uma pessoa cujo rosto me parecia conhecido, que com certeza já vira, mas não sabia onde, nem tampouco quem era. Ele era o mestre do calar, superava a todos nesta arte, não apenas as minhas tentativas deploráveis de principiante. No entanto, estava quase ausente para todos os outros. Se meus pensamentos não tivessem sido forçados naquela direção, se não tivesse tentado comparar uma pessoa desaparecida com outra, decerto não o teria notado. Não era uma atitude a que se adaptara, parecia ser sua natureza. Algo em sua postura lembrava um soldado. Mas não era um soldado que se gabasse disso, era um soldado desiludido que continuou assim porque nunca pôde realmente superar sua experiência e sua desilusão. De maneira alguma estava calado, estava em meio a uma conversa, que logo foi interrompida, e então voltou-se para outra pessoa que lhe perguntou algo. Tentei chegar perto dele, na esperança de reconhecê-lo, mas como não conseguia se livrar dessas pessoas, tratava-se de um empreendimento difícil. Finalmente estava tão próximo que seu olhar recaiu sobre mim. Reconheceu-me, sorriu e disse, com muito mais gentileza do que no caso dos outros, o meu nome. Era Herbert Read. Reconheci-o no momento em que pronunciou o nome, pois foi assim, com imutável simpatia, que olhou para mim quando, em outra ocasião, almoçamos a três.

Perguntou-me se eu morava aqui. Não estava menos surpreso do que eu. Ninguém tinha me avisado que o esperavam. Ninguém sabia que já nos conhecíamos. Talvez sejam esses momentos que contem nessas enigmáticas recepções inglesas, de reconhecimento de uma pessoa que já se viu uma vez e então se perdeu de vista por muito tempo. Read sempre teve algo de tímido, mesmo depois, quando nos conhecíamos melhor. Creio que fazia questão de não dar ordens. Dirigia, isso eu sabia, uma editora renomada, levava seu trabalho muito a sério e escrevia livros sobre arte moderna que eram muito lidos. Não sei se naquele tempo ainda escrevia poemas ou prosa como aquela bela história de uma vida precoce, pela qual se tornou conhecido: *The Innocent Eye* (*O olho inocente*).

Lá estava então este homem inteligente e contido, e ele conversava com pintores sobre sua arte, e cada um deles tentava despertar seu interesse e ficava marcado por sua experiência mais genuína, a do soldado desiludido. Porque, afinal, nos encontramos em um tempo que ele detestava profundamente. Tinha grande dificuldade em se conformar com o fato de que havia de novo guerra, não aquela guerra de trincheiras que ele vivenciara, mas uma guerra completamente nova em movimento de blindados e aviões. Paris já caíra naquele tempo, era o ano do isolamento da Inglaterra. A guerra com a Rússia ainda não começara. Eu tinha toda certeza que ela viria e disse isso para ele, talvez também para reconfortá-lo um pouco, já que ele me perguntara o que eu pensava sobre essa resistência solitária da Inglaterra e se eu acreditava que ela poderia ter êxito. Em seu âmago, não receava que a Inglaterra pudesse perder a guerra, estava apreensivo porque havia guerra — isso ouso supor, mas ele não disse. Porém, surpreendeu-se um pouco com a certeza com que eu esperava o ataque à Rússia. Ele sabia, desde o nosso primeiro encontro, que acontecera havia dois anos, a que eu me dedicava e perguntou se eu deduzia isso de meus pensamentos sobre a massa. Tive que negar a pergunta, mas acrescentei que refletia também bastante sobre a história dos governantes e que para mim não havia dúvida que o anseio mais profundo de Hitler era superar Napoleão. Ele não contestou, mas balançou a cabeça levemente. Assim o vejo agora diante de mim, quando penso nele, duvidante e ainda assim envolvido. Este segundo aspecto de sua postura, anos depois, terminada a guerra havia muito, veio a ser benéfico para o meu trabalho.

Defeitos e virtudes de festas inglesas

Sobre o feitio das recepções inglesas daria para escrever um livro. Nunca me acostumei com elas. Parecem-me tão disparatadas quanto desalmadas, bem conforme à frieza dessas pessoas. Era absolutamente proibido chegar perto de outrem. Assim que uma conversa estava em via de se formar (o que não era fácil de acontecer), era forçoso repelir-se e voltar-se para outra pessoa. Falar por demasiado tempo com *uma* pessoa era deveras malvisto e tido como *selfish*, interesseiro. Estava-se *ali* para contatos rápidos e, principalmente, para afastamentos rápidos. Às vezes não se sabia com quem se tinha falado. Estes eram, por assim dizer, os casos ideais dessas festas de não-contato.

Pode ser que haja pessoas que acham recepções inglesas exemplares, como instrução à tolerância e ao respeito. Não faço parte delas e nunca me senti mais infeliz do que em tais ocasiões. Fazia parte da concepção de tais festas que *muitas* pessoas estivessem juntas, num espaço preferencialmente exíguo. Deveriam quase aglomerar-se e, ainda assim, poder desviar de tal modo que nem sequer roçassem em alguém. A arte consiste em estar tão perto um do outro e mesmo assim não revelar nada importante de si. Nada pode chamar a atenção. Cada um é um entre todos. Quem for alguém especial tem de escondê-lo cuidadosamente. O ápice da arte é não revelar sequer o nome. Na hora da apresentação, ele deve ser dito da maneira mais ininteligível possível. Tanto maior será então o peso dos nomes importantes, que os outros sentem secretamente mesmo assim. Quem tiver vindo de lugar nenhum, i.e., de nenhum lugar da Inglaterra, não existe. Em compensação, será tratado com a maior educação, que será tanto mais distinta quanto menos se supuser por trás da pessoa.

Não se deve pensar que este retrato corresponde às recepções compostas exclusivamente por pessoas da universidade. Estas têm, por causa de sua área, um certo direito preferencial à curiosidade, o que quer dizer, curiosidade manifesta pela especialidade do outro. Uma pessoa capaz de passar de especialista em especialista e ouvir cada um exatamente da maneira como gosta de desabafar há de virar escritor e alcançar certa reputação.

Mas esses casos de Oxford e de Cambridge, que realmente podem ser interessantes, são casos especiais e é melhor deixá-los de fora.

A festa inglesa tem como pressuposto que os seres humanos pertencem a castas diferentes, mas admitem aqui e acolá pessoas de outras castas para que a coisa se torne mais animada. Nunca se deixará uma pessoa perceber que pertence a uma casta inferior. Desde que ela não tire suas conclusões do fato de haver estado em uma festa. Não se deve esbanjar nomes, e as pessoas que conheceu permanecem assim protegidas de qualquer contato posterior com ela.

É permitido perguntar com cuidado, desde que se evite qualquer indiscrição. Não é permitido perguntar com demasiada insistência e por um tempo demasiado longo. O que está por trás disso é o saber correto relativo à natureza da pergunta, que é um instrumento de poder. Pessoas que dão demasiada trela a perguntas sobre seu trabalho são rotuladas de estrangeiros e ri-se delas socialmente, ainda que tenham grandes méritos.

Hampstead:
reunião de poetas

No último inverno da guerra, de 1944 a 1945, Paris já estava livre. Pierre Emmanuel, um poeta francês que participara da resistência, veio a Londres. Os poetas ingleses deram uma recepção para ele. Reuniram-se no *basement* de William Empson e leram, em honra a Emmanuel, um poema cada um; alguns, atendendo a pedidos, leram dois.

Estavam lá reunidos muitos que eu antes nunca vira, dos reles mortais subindo até as alturas de Eliot, de acordo com as leis educadas mas inabaláveis da hierarquia inglesa. Dylan Thomas estava e não sei quem mais. Eram tantos que não consigo lembrar de todos ou na verdade só daqueles que mais tarde vim a conhecer melhor. Friedl, que em 1944 publicara dois livros, levou-me. Eu era completamente desconhecido para os ingleses; entre vinte ou trinta poetas, um *ninguém*. Já tinha vivido mais de cinco anos na Inglaterra, mas não publicara nada. Estava presente como amigo e professor de Friedl, a quem ela dedicara seus dois romances. Hetta, a mulher de William Empson, que descendia de bôeres da África do Sul, amiga íntima de Friedl, uma pessoa bela que tinha a aparência de um Renoir, falava alemão e ouvira em uma sessão de leitura o meu "O bom pai"[8]. Ela recebeu-me com honras e tratou-me distintamente, se havia algo especial para beber, dizia: "Only for you and *Mr*. Eliot." Isso me fez bem e não me senti tão humilhado, ainda que ela fosse — além de Friedl — o único ser ali que sabia algo sobre mim.

Na ocasião também conheci Kathleen Raine, que nesta recepção se movia com modéstia, mas não sem dignidade. Ela leu um caderno grande com capa dura e folhas pautadas. Falei depois com ela, gostei da simplicidade de seu caderno, que ela me mostrou sem afetação. Pareceu-me natural e, como já disse, modesta. Não parecia ter importância nenhuma para ela o fato de não saber absolutamente nada sobre mim. Eu não fazia ideia de quanta soberba se escondia por trás dessa modéstia. A soberba nos ingleses é tão inveterada que muitas vezes nem é percebida. Eles são, portanto, os verdadeiros artistas da soberba.

Eliot era o melhor exemplo disso. Lá estava sentado o homem tão famoso, entre todos os outros, muitos dos quais eram maus poetas que ele devia desprezar profundamente. Não deixava transparecer nada disso, pelo menos não na distância que mantinha dos outros. Era um ambiente de subsolo, com paredes nuas, um quarto maior, em que as muitas pessoas estavam sentadas em tudo que é

---

8. Capítulo do romance *Auto-de-fé*. [N.T.]

lugar. Ele mal tinha espaço suficiente para estender os braços sem tocar em outrem. Mas não parecia se sentir cerceado, pelo menos não deixava nada parecido dar na vista. Seu rosto estava impassível, praticamente não mudava de fisionomia. A ocasião puritana já lhe era familiar por sua origem. A atitude estoica provavelmente adquirira na Inglaterra. De qualquer maneira, recebia tratamento preferencial. Porque depois que leu seu poema, o sombrio Pierre Emmanuel, que cintilava com seus dentes de ouro, pediu bis. Percebia-se o quanto prestava atenção. Sua boca estava semiaberta e toda palavra tinha de passar pelos fiéis dourados de onde, devidamente pesada, era libertada com satisfação ao ouvido. Nisso ainda era secundado pela diligente Sonja Brownell, cujo torso de Rubens se encontrava metido em uma blusa branquíssima. "*Mr.* Eliot tem de ler mais um poema." Eliot obedeceu, sem pressa ou fervor, tranquilo como se nem percebesse a intenção. Antes parecia um pouco surpreso por ainda ser solicitado.

Mas não quero falar agora de Eliot, embora haja algumas coisas a dizer sobre seu efeito naquele tempo. Volto a Kathleen Raine, que conheci nessa reunião de homenagem aos poetas ingleses. Ela parecia naturalmente segura de si, respondia sem atitudes bombásticas, de forma objetiva e calma, a qualquer pergunta e me deixava ver de bom grado o caderno em que havia diversos escritos, não só poemas. Sentia-me bem em sua presença, em meio a toda esta gente que não me conhecia e que não tinha a mínima vontade de conhecer-me. Pediu que lhe fizesse uma visita. Creio que Friedl já a conhecia. Ela era uma amiga próxima de Sonja Brownell, que tinha uma espécie de posição-chave na *Horizon*, a revista literária de Cyril Connolly.

Dylan Thomas leu, com seu jeito cantante e florido, verdadeiro polo oposto da parcimônia seca de Eliot. Ficara famoso durante a guerra, um sujeito novíssimo com cara de querubim. Todos falavam dele, que tão nada tinha em comum com Eliot. Evidentemente Emmanuel também pediu bis a ele. Sua língua, alimentada tanto pela herança galesa quanto por Shakespeare, não era fácil de entender em sua retórica concentrada. Mas os dentes de ouro de Emmanuel não revelaram que cintilavam em vão. Em todo caso, a boca estava um pouco mais aberta e deixava ver no fundo uma garganta negra cheia de miasmas. O contraste entre Eliot e Dylan Thomas, que estavam sentados não muito longe um do outro, não poderia ser maior. Porém, presos que estavam aqui, entre tantos outros, esse contraste perdia a nitidez e dava a impressão de ser quase histórico. No histórico cabe tudo, há tanto já e vem ainda mais, e aquilo que vem é bastante diferente, faz parte do jogo, caso contrário não seria perceptível. É curioso que naquela ocasião também o historiador já estivesse lá, um historiador de cuja presença os desavisados não sabiam, um historiador não do tipo costumeiro, mas antes um descendente de Aubrey.

Um crítico chamado Scott estava sentado ao meu lado e de Friedl, com olhar severo, incorruptível, e observou, depois que Dylan Thomas lera seu longo poema duas vezes: "Ele é como Swinburne." Hoje em dia sei o que ele quis dizer. Àquela época, parecia-me dito com intenção hostil e como eu era ardentemente favorável a tudo que prometia uma rendição do reinado de Eliot, reagi gelidamente ao comentário, para a irritação do crítico.

Não falo dos outros acontecimentos daquela noite. Não me parecem muito importantes agora, porque não tiveram consequências para mim. Minha intenção era apenas relatar quando e como conheci Kathleen Raine, em cuja vida tive um papel importante. Mas também ela teve importância para a sucessão exterior da minha vida.

Kathleen Raine

Às *suas* recepções em Chelsea eu ia com frequência. Durante muitos anos, era sempre convidado à sua casa. Ainda fui com Friedl, quando esta já se rebelava veementemente contra mim, mas mesmo nesse tempo ela chamava a atenção como minha companheira. Havia homens que só me notavam porque me invejavam por sua causa. Décadas depois, homens que eu reencontrava por acaso em algum lugar ainda perguntavam por ela. Um deles era o escultor Paolozzi.

O primeiro contato com Kathleen Raine restringiu-se a alguns convites que, no entanto, não eram frequentes. Durante alguns anos, em que ainda ia a sua casa com Friedl, não ficamos propriamente mais próximos. Isso mudou depois, quando conheci através de Clement Glock os irmãos Gavin e Aymer Maxwell. Não eram gêmeos, mas no fundo irmãos inimigos. A rivalidade entre eles determinava sua vida. A mãe era filha do duque de Northumberland, quer dizer, eram Percys, ainda que não completamente puros, uma família que já aparece em Shakespeare, o que para Kathleen tinha importância dupla.

Ao grupo de pessoas com quem convivi durante anos e das quais ainda assim não gostava pertencia a poeta Kathleen Raine. Eu sempre a ouvia, em quaisquer circunstâncias em que ela contava, banhada em lágrimas, a sua história, eu a ouvia. Não sei de onde tirei paciência para tanto. Sempre foram maçantes as suas queixas. Eu sabia que nada daquilo era verdade. *Tudo* era imaginação dela, e a obstinação dessa imaginação era tão grande que às vezes eu dizia contrariado a mim mesmo: "Ela é, sim, uma poeta." Mas não sabe quando. Ela é poeta quando se entrega a uma quimera, a um único amor, quisera Deus que tivessem existido mais deles. A infância ela passou em Northumberland. Seu pai era professor e descendia de mineiros metodistas que penetravam a terra cantando hinos e que, depois de uma jornada dura e longa, regressavam cantando os mesmos hinos, durante todo o percurso e a plenos pulmões. A mãe era da Escócia, de ascendência mais nobre, talvez até dos Highlands, como Kathleen queria, e contava histórias empafiadas e estranhas[9]. Escoceses e ingleses estiveram em guerra durante séculos. Um dos cavalheiros mais valentes do lado inglês foi Percy Hotspur, cujas glórias são cantadas já em Shakespeare. Foi ele o ancestral dos duques de Northumberland que tinham seu solar em Alnwick.

Num passeio, a mãe de Kathleen mostrou-lhe dois meninos com cabelos brilhantes e dourados que estavam numa ponte, bem perto um do outro. A mãe dos meninos falava-lhes em tom elevado, numa língua como que de versos. Era *Lady* Mary, ela própria uma filha de duque. Seus rapazes, se não *filhos* de duque, eram pelo menos netos de duque.

Este quadro dos dois meninos de cabelos dourados Kathleen carregou durante toda sua vida. Talvez trinta anos depois, quando a conheci, falou dele como de uma visão. Estudara em Cambridge, dizem que então era bonita, foi admirada por alguns estudantes e publicou poemas que foram bem acolhidos por poetas como Edwin Muir e Herbert Read. Do metodismo paterno, de que se envergonhava como de uma doença vexatória, converteu-se ao catolicismo, permaneceu algum tempo no budismo, aprofundou-se em suas seitas, voltou ao catolicismo e chegou finalmente a Jung. Ali se sentia bem, ali tinha a sensação, creio, de ter se apoderado de todas as religiões de uma vez, de não precisar abandonar nenhuma pela

---

9. O termo original é *unheimlich*: estranho, lúgubre, sinistro. [N.T.]

outra, [...] ora com uma, ora com outra, e finalmente recorreu, com toda seriedade, a Jung para o trabalho de sua vida sobre William Blake (que lhe era o mais caro dos poetas ingleses). Isso pode soar duro, mas era como se alguém tentasse explicar a Bíblia com a ajuda de uma máquina da moda, por exemplo de um computador. Convivi com ela durante muitos anos e tivemos longas conversas, sempre retomadas, também e especialmente sobre religiões. Eu podia objetar o que quisesse contra as banalidades junguianas, ela sempre conservava a expressão de sua superioridade levemente irônica, porque era justamente através de Jung que pensava ter se apoderado de *todas* [...] e poder usá-las conforme a necessidade. Não obstante, nunca teve desprezo por mim. Eu era para ela um homem do Velho Testamento — *para ela*, digo, para que não haja nenhum mal-entendido —, e a paixão implacável de certos profetas antigos encantava-a, por razões escocesas, por assim dizer. Naquele tempo do Velho Testamento lutava-se e saía-se vitorioso, as pessoas vingavam-se e nunca perdoavam, exterminava-se por ordem do Senhor. Como tudo isso fazia bem para ela, depois de todas as suas obrigações nas religiões de misericórdia, só consegui entender aos poucos.

Creio que a amizade dela, que do seu ponto de vista realmente existia, alimentava-se principalmente daquilo que ela tinha por uma força originária da fé, e embora eu absolutamente não tivesse essa força, ela não me via de todo errado. Não me considerou poeta nem por um instante, o pouco que eu tinha publicado lhe parecia de gosto duvidoso, mas evitava dizê-lo. Eu, porém, sempre o soube e pensava com algum deleite quão pouco os poemas *dela* significavam para mim. Ou seja, a amizade era de alguma maneira falsa. O que é tanto mais singular se recordo com que seriedade, com que preocupação, com que dispêndio de tempo eu tentei ajudá-la durante anos a transpor as dificuldades de sua vida.

Pois as conversas religiosas às quais sempre voltava, sua inabalável admiração por Jung, como aproveitador de todas as religiões, encobriam nela algo muito mais profundo, pelo que lutava com unhas e dentes: a conquista dos meninos do cabelo dourado, pelo menos de um deles. Os dois netos de duque, que poderiam ser tomados por gêmeos, não o eram de maneira alguma. Estavam separados por um ano e meio e isso era de grande importância para os emaranhados de sua vida. O mais velho, Aymer, era herdeiro da grande propriedade, um castelo com extensas terras no condado mais austral da Escócia, em Galloway. Herdara também o título. Era apenas *baronet* — algo como barão —, mas de estirpe muito antiga, creio que de ascendência normanda. Sua mãe, porém, que já mencionei, era a filha do Duque de Northumberland, ou seja, com um pouco de boa vontade, uma Percy. Isto, apenas isto, importava a Kathleen, ainda que esteja absolutamente seguro de que os dois irmãos, apesar de todo o seu reluzir de ouro, não a tenham feito lembrar de sua mãe. Gavin, o mais jovem, fora despachado, como é de praxe em tais casos, com uma quantia de dinheiro que dissipou rapidamente. Seguindo os encalços de seu tio Percy, um irmão da mãe e grande ornitólogo, estudara biologia. Como é comum nesse meio, tornou-se um grande atirador e caçador. Sua audácia correspondia à sua pontaria. Quando de repente se viu com uma quantia limitada de dinheiro como herança, decidiu comprar uma pequena ilha ao sul de Skyke e instalou nela uma fábrica para processamento de tubarões. Tornou-se um famoso caçador de tubarões e causou terríveis devastações entre suas vítimas. Ainda assim, a empresa não queria prosperar e ele teve de vender a ilha; creio que foi Kathleen, que ele conheceu nessa época, quem lhe deu o conselho de escrever um livro sobre as suas experiências como caçador de tubarões. Surgiu o seu primeiro livro!, *Harpoon at a Venture*, que se tornou um grande sucesso. Gavin deve a Kathleen sua iniciação no mundo dos livros, bem como todo o entorno que faz parte dele. Ela era incansável e punha-o em contato com qualquer pessoa que lhe pudesse ser útil. Dava recepções para ele em sua casa em Chelsea. Ele tinha os traços audazes de um navegador, de um *viking*, ainda que um tanto devastado pelo tempo. Suas empresas perigosas haviam deixado suas marcas, dos cabelos dourados já não restava nenhum vestígio naquela época. Tinha um amor profundo por animais, mesmo em Londres havia sempre alguns perto dele. De expedições posteriores, trouxe alguns para casa. Nos pântanos do sul do Iraque, descobriu um espécie de lontra ainda desconhecida, que foi batizada com seu nome, e trouxe um filhote para Londres, onde cresceu em sua casa e atendia pelo nome de Msybel.

Não demorou muito tempo e os dois irmãos adquiriram o hábito de vir à minha casa para falar de si e das lutas que travavam um contra o outro. Podiam falar horas a fio disso, nunca se cansavam, e eu os ouvia com fascinação sincera.

Aymer e sua mãe

Interrompo a história de Gavin, que fica insuportavelmente tediosa sempre que Kathleen vem à baila, e volto-me para o seu irmão mais velho, Aymer, que se me tornou um amigo muito próximo. Depois da morte precoce do pai, que caiu cedo nas batalhas da Primeira Guerra Mundial, um jovem *Captain*, os dois irmãos cresceram com a sua mãe, *Lady* Mary, e dois irmãos mais novos em uma casa não muito grande, e não muito longe do solar Monreith. Em Monreith ainda vivia o avô dos dois irmãos, *Sir* Herbert Maxwell, provavelmente o homem mais estimado do condado de Galloway. Ele exerceu durante muitos anos todas as funções públicas que eram suas por direito, sem arrogância, para o contentamento de todos. Era um excelente cultivador de árvores e flores, os bosques de rododendro em torno de Monreith eram conhecidos muito além das fronteiras da Escócia. Ademais, estudava as línguas celtas e livros antigos sobre a pré-história da Escócia. Escreveu muitos livros sobre suas diversas especialidades — mencionei apenas algumas delas — em estilo claro, fácil de ler e ainda assim de maneira alguma superficial, o que no tempo vitoriano era usual. Se ele já tinha o jeito escarnecedor e espirituoso de seus netos não posso afirmar, nunca o conheci. Alcançou idade avançadíssima, se posso acreditar nos relatos de seu sucessor Aymer, mais de noventa anos. Quando conheci Aymer, ele tinha acabado de assumir a sucessão. O avô, cuja morte Aymer esperara com impaciência, morrera havia pouco tempo. Aymer não compartilhava um único interesse de seu venerável ancestral. Ele gaguejava — eu sempre pensei que por impaciência, era uma das pessoas mais rápidas e ativas que jamais conheci.

Os dois irmãos, Aymer e Gavin, foram educados por sua mãe, *Lady* Mary, na fé séria e fundamentalista da Catholic Apostolic Church. O fundador, Edward Irving, um dos maiores pregadores do começo do século XIX, amigo íntimo de Carlyle, foi imortalizado detalhadamente por este em sua autobiografia. Provinha da igreja presbiteriana, que na Escócia era dominante, e fundou como sua ramificação a seita da Catholic Apostolic Church. Esta criou raízes em todas as camadas da população, mas também, o que era raro para um movimento dessa espécie, na alta nobreza. Os duques de Northumberland faziam parte dos professadores dessa fé. O que levou à construção de grandes, imponentes templos; só em Londres deve ter havido cinco ou seis igrejas da vertente. Mas como não se ganharam outras famílias para a crença, as possibilidades de casamento de uma filha Percy eram muito restritas. *Lady* Mary casou-se com um filho de *Sir* Herbert Maxwell. Os Maxwell também tinham aderido a essa igreja.

Lady Mary levava seu cristianismo a sério (tanto que sua única filha, Christine, irmã de Aymer, fez-se mais tarde comunista), mas, apesar de toda humildade, à qual se dedicava por amor a sua fé, era também marcada por sua origem: tinha uma cara orgulhosa, bem talhada, e falava uma língua marcante e clara, em cujo tom se percebia, mesmo na idade avançada, que estava acostumada a dar ordens, mas sem qualquer arrogância. Ela recebeu Veza como se fosse sua igual, interessava-se sem hipocrisia por tudo que dizia, *acreditava*, o que naquela época poucos faziam, que minha mulher era uma poeta e conversava com ela sobre Dante e Petrarca, autores que lera quando era uma jovem moça em Florença.

Visita a Mochrum

Aymer sabia bem como entreter as pessoas e falava da maneira mais engraçada de seus vizinhos, proprietários de terras como ele, que viviam a alguma distância e aos quais devia fazer, assim exigiam os costumes, de vez em quando uma visita. A um deles em especial ele queria apresentar-me, um esquisitão como só há na Escócia: *Lord* David Stewart, da família dos Butes. Vivia em um castelo medieval de muralhas grossas, Mochrum, só com a mulher Ursula. Era um ornitólogo apaixonado que sumia com frequência por semanas no encalço de um pássaro que se tornara raro e conhecia as mais longínquas costas e ilhas da Escócia.

Padecia, porém, de um mal no pulmão que às vezes o obrigava ao repouso e recebeu-nos na cama. Jazia ali um homem magro com rosto sombrio, de traços marcantes e olhar desconfiado. Na hora dos cumprimentos, seus olhos examinaram-me com desprezo. Que era baixo só vi depois, quando levantou e nos mostrou uma das ilhas remotas que lhe pertenciam. Falava muito pouco e menos ainda enquanto esteve na cama. Aymer indagou de seu estado de saúde e ele disse apenas: "Bad. Bad." Porém, como eu soube depois, não estava pior do que de costume. Apenas tinha que dizer algo depreciador sobre sua disposição. Era conhecido por seu invariável pessimismo, esperava o pior das pessoas e vivia por isso só com a sua mulher, cujas inclinações para a sociabilidade não levava em consideração. Ela mandava trazer os mais novos vestidos de Paris e usava-os — para quem? Certamente não para o marido, que não tinha o mínimo interesse nisso. Mas tampouco para outras pessoas, porque os poucos vizinhos, todos a uma certa distância, não gostavam de vir, já que ele os recebia de mau humor. Um dos pouquíssimos a quem permitia vez por outra o acesso era Aymer. O tom de Aymer em suas conversas com *Lady* Ursula, a mulher de Stewart, que languescia perdidamente em sua beleza, tinha algo de lamentoso. Fiquei surpreso, comigo ele era exuberante e, de tantos relatos exagerados e cômicos sobre as pessoas, logo começava a gaguejar. Com *Lady* Ursula falava devagar, nunca dizia muito e terminava num lamento absorto em compaixão. *Lord* David disse a sua mulher que nos mostrasse o castelo. Para isso havíamos vindo. Aymer já o conhecia razoavelmente bem. Anunciara-nos por telefone e sublinhara o quanto seu amigo, um escritor, faria questão desta visita. Que ele também dissera outra coisa fiquei sabendo só depois. *Lady* Ursula guiava-nos com prazer. Passamos por corredores intermináveis, o castelo, com suas paredes grossas — era do século XV —, tinha uma arquitetura labiríntica. Poderíamos ter errado por ele durante uma eternidade, sem perceber talvez que frequentemente se tratava dos mesmos corredores. *Lady* Ursula trajava um vestido parisiense que entre pessoas teria chamado a atenção, mas o caso aqui era dar voltas em vão por corredores sombrios. Em certo momento, porém, quando chegamos a uma esquina, percebi que suas amplas mangas de seda roçaram Aymer bem de leve. Ele nem sequer percebeu, mas para ela deve ter significado muito, porque, quando voltamos ao quarto em que seu marido estava de cama, havia um brilho em seu rosto que nós três notamos. O efeito disso sobre o marido foi surpreendente. Perguntou se eu sabia *avaliar*, não entendi o que ele queria dizer. Antes que achasse uma resposta, ele disse asperamente à mulher: "Traz a pedra amarela!" Ela foi, depois de um tempo voltou e entregou-lhe um anel com um diamante amarelo muito grande. Ele o estendeu para mim e disse com cara sombria: "Em quanto o senhor o avalia?" Fiquei embaraçado, não sabia o que dizer. Felizmente me passou de imediato pela cabeça o que acontecera. Aymer devia haver dito ao telefone para *Lord* David que receberia a visita de um judeu. O próprio Aymer nunca teve o mínimo preconceito contra judeus. Jamais encontrei algum sentimento antissemita em nenhuma das pessoas que conheci na Inglaterra. Caso tenham existido, o que dificilmente posso acreditar, Einstein e Freud fizeram a sua parte. Ninguém faz uma ideia correta da glória desses homens no mundo anglo-saxão. São considerados heróis culturais, benfeitores da humanidade. Mas Aymer, que tinha muito tato, devia saber quão inculto era *Lord* David. Talvez até um dia tivesse ouvido ele falar de um joalheiro, e esse era então o único judeu que conhecia. Para me poupar de uma situação desagradável, dissera provavelmente a seu vizinho qual era a ascendência do escritor que o visitaria. Pensou que assim anteciparia qualquer melindre para mim e também para ele, mas o resultado foi o oposto. Dado o agrado que sua mulher suscitava, *Lord* David lembrou da pedra que recentemente lhe dera de presente. Achou a situação oportuna para saber se fizera boa compra e perguntou-me quanto valia a pedra. Senti-me tão ofendido que respondi: "Fifty thousand." A intenção da réplica era ser tão arbitrária, monossilábica e absurda quanto a sua pergunta. "Foi exatamente isso que paguei", disse ele. "Não fui enganado."

Aymer, que depois me perguntou com desculpas profusas como chegara a essa cifra, não quis acreditar que eu quisera me *vingar*. O objetivo era dizer algo que soasse completamente impossível e que *envergonhasse* o dono da casa. Tivemos uma discussão sobre o assunto e concordamos finalmente que o caso era de telepatia. Depois disso, será que era possível pensar em um dom que o meu amigo não teria gostado de atribuir a mim?

O dono, ou, na verdade, o presenteador desse enorme diamante amarelo queixou-se que sua mulher nunca usaria o anel. "Ela é demasiado modesta", disse. "Ou tem demasiado bom gosto", disse Aymer e recebeu um sorriso encantador e tocante que invejei.

O dono da casa levantou definitivamente da cama e propôs a visita a uma ilha com um mosteiro que ficava a uma meia hora de distância. Aymer nunca tinha estado lá, e aceitamos o convite. A viagem até o *loch*, em que se localizava a ilha, pareceu-me bem longa. Havia um bote à margem, remamos água adentro e achamos na ilha a ruína de um mosteiro celta. Perguntei a *Lord* David de quem era a ruína: "It's mine!", disse, com um peso como se não fosse só o dono da ilha, mas do mundo todo. Não longe dali, numa outra ilha, viviam inúmeros cormorões. Era, na Escócia, o lugar mais distante do mar em que os cormorões haviam se estabelecido. Também esta ilha, assim como o *loch* inteiro e a região que atravessáramos para chegar ao *loch* pertenciam a *Lord* David, que desaconselhou uma visita por causa do fedor horrendo. Talvez ele tenha se tornado ornitólogo graças a esta ilha dos cormorões, que conhecia desde pequeno.

Na ilha de Klosdter, ao lado das muralhas de Mochrum, 1950

Lord David Stewart

Lord David não parecia incomodado com o barulho que os cormorões faziam do outro lado. Pelo menos dava para entender as próprias palavras na ilha do mosteiro. Tive a impressão de que a ruína da ilha ainda não fora bem explorada. Mas isso não podia ser verdade. O interesse por antiguidades de qualquer período era demasiado desenvolvido na Escócia. Era a maneira como *Lord* David separava sua propriedade do resto do mundo que dava essa impressão errônea.

Lord David necessitava de silêncio — mais do que tudo. Era difícil encontrar empregados para Mochrum que fossem suficientemente desinteressados. Por um certo tempo teve um casal polonês, o homem como mordomo, a mulher como governanta. Muitos integrantes dos exércitos poloneses haviam ficado na Escócia depois da guerra. Eram benquistos e, como não podiam pensar numa volta à casa, estabeleceram-se no país. O antigo coronel acolhido por *Lord* David tinha de fato, como o ulterior assumia a contragosto, maneiras perfeitas, mas também uma risada alta. E sua mulher gostava de juntar-se a ele nesses risos. Enquanto par, até que não houvera muitos defeitos que se pudesse atribuir aos dois, mas riam fácil demais e riam com demasiada frequência. A vida entre as muralhas sombrias tornou-se insuportável para o senhor do castelo. Despediu o par e ficou algum tempo sem ninguém.

Lord David amiúde ficava fora de casa, à procura de pássaros que rareavam. Tinha especial predileção pelas costas. Gostava de visitar faróis e procurava nos portos aqueles com um único morador. Nesses lugares até consentia numa conversa, já que todos o reconheciam, respondiam com respeito as suas indagações e, principalmente, nunca diziam mais do que se lhes havia perguntado. Ficou surpreso quando um dia encontrou, num farol bem ao norte, um homem jovem que se sentia realmente bem na solidão, sem que fizesse alarde disso. Perguntaram a ele como suportava a situação. "Muito bem", foi sua resposta. Quanto tempo já estava ali? — Dois anos. — Se tinha vontade de ser mordomo num castelo no sul? — O jovem, profundamente impressionado pela conversa com *Lord* David em pessoa, aceitou de bom grado.

Foi, agradou a *Lord* David e agradou à sua mulher. Nunca ria ou não deixava transparecer quando ria. Mas tampouco era carrancudo, era pontual e seguia qualquer ordem sem jamais pedir explicação. Entendia os mais breves desejos de seu senhor, antes mesmo de terem sido completamente pronunciados. Na maior parte das vezes, bastava uma palavra, não era necessário dizer uma frase. Sua maneira de ser era tão ideal que certa vez até foi relatada — brevemente — a Aymer, que tinha ele próprio problemas com seus empregados e ficou admirado com a sorte do vizinho.

Lady Ursula nunca usava os vestidos que mandava vir de Paris mais do que uma vez, pelo menos não na frente dos outros. O que ela fazia quando estava sozinha com eles, ninguém sabia. Também não havia ninguém que se interessasse por isso (que matutasse a respeito). No entanto, ela sabia muito bem quantos vestidos tinha e ficou inquieta no dia em que procurou por um e não o achou. Isso voltou a ocorrer e repetiu-se mais uma vez, numa sequência muito espaçada. Ela não disse nada ao marido, mas começou a refletir. Certo dia — uma peça muito bonita sumira, cuja visão levara o marido ao ponto de acenar positivamente com a cabeça —, dirigiu-se sem qualquer aviso ao quarto afastado do jovem. Achou um caminho que nunca trilhara (e que neste castelo era bastante longo), encontrou-se de repente na frente da porta, escancarou-a sem mais e ficou face a face com o jovem, que, em seu vestido desaparecido, ensaiava encantado alguns passos de balé em frente ao espelho.

O jovem sentiu-se descoberto, mas não apanhado, cumprimentou sua senhora com algumas frases bem formadas e explicou-lhe que amava o balé mais do que tudo e que só aceitara o emprego no extremo sul da Escócia porque ficava a meio caminho de Londres. Era este o seu destino final, mais precisamente o balé da cidade, e para lá iria agora. Já provara todos os seus vestidos e sempre os devolvera, apenas de dois ou três deles, que lhe caíam especialmente bem, não pudera se separar e por isso adiara a devolução. Suas palavras expressavam tanta admiração pelos vestidos de *Lady* Ursula que ela as relacionou consigo. Era eloquente como num palco de Shakespeare. Onde é que aprendera tais expressões? Ela jamais as teria usado, mas sucumbiu às palavras como se lhe dissessem respeito. Não se sentiu furtada (imagine-se isso, na Escócia ou em qualquer outro canto do mundo). Tomou-o como homenagem a seu bom gosto e talvez, o que nunca teria confessado, a mais do que isso. O garoto se separou da maneira mais amável dos vestidos, ao todo eram três. Os dois que não estava usando levou imediatamente de volta e pediu a ela, com palavras educadas e distintas, que o deixasse só para que pudesse tirar o terceiro.

Lady Ursula voltou só pelo caminho longo e evitou durante uma hora os seus aposentos privados. Quando finalmente não pôde aguentar mais e lá entrou, encontrou os três vestidos bem ordenados em seu devido lugar. Ninguém poderia haver percebido que foram usados. Era como se tivessem acabado de chegar de Paris, e nem sequer se notava a única vez em que ela os apresentara ao marido.

O jovem faroleiro foi diretamente ao senhor e pediu demissão. Tinha de ir imediatamente para Londres e pedia para abrir mão do tempo de aviso prévio. *Lord* David disse: "Mas o senhor não recebeu por acaso qualquer mensagem repentina, terá morrido o seu pai?" Estava a par da correspondência que chegava e sabia que o jovem jamais recebera uma única carta. Não podia falar sobre o assunto, disse ele, mas devia partir imediatamente. *Lord* David, um tanto contrariado, apreciou por outro lado que o demissionário não fizesse quaisquer exigências e nem sequer pedia o salário atrasado. Ficou também aliviado porque de repente percebeu que o jovem não era assim tão lacônico. De uma hora para outra falava como um homem que não temia a eloquência e provocava a cada frase tanta repugnância que seu senhor sentiu alívio por se ver livre dele. Partiu ainda na mesma hora, sem se despedir da *Lady*. Quando *Lord* David disse à sua mulher: "Foi embora", e apenas isso, ela acenou contente com a cabeça. Pois ele nem sabia que ela não gostava do jovem. Satisfeito, disse a si mesmo que ela nunca o aborrecera com isso.

Lady Ursula ficou aliviada de jamais haver dito palavra a seu marido sobre o sumiço dos vestidos. Não lhe contou nada. Na próxima visita de Aymer, pediu-lhe que fizesse um passeio com ela e expôs-lhe o caso todo. Disse que não conseguia calar a história totalmente. Mas para esclarecer o assunto seriam necessárias muitas palavras. Ela não acreditava que o marido ouviria por tanto tempo. Decerto se aborreceria com tanto falatório. Uma queixa de furto tampouco faria sentido. Tudo fora devolvido e também não queria que as pessoas falassem. Aymer deu-lhe razão. Agira com sabedoria. Algum dia, quando a ocasião fosse propícia, contaria a história para o marido, a melhor ocasião seria em uma de suas caçadas.

Ficou nisso, entre marido e mulher nunca houve palavra sobre o assunto. Quem veio a ser o próximo mordomo em Mochrum nunca soube.

Mrs. Phillimore
Bertrand Russell

Haveria tanto para dizer sobre *Mrs.* Phillimore que mal me atrevo a começar. Era uma senhora muito idosa que tinha sua suíte num andar bem alto do Ritz. Bastante alta e magra, recebia seus hóspedes em brocado fantástico-oriental colorido. Tinha-se a sensação de que estava muito suntuosamente vestida, mas não para impressionar com sua riqueza. Porque rica ela sempre fora, pelo menos desde seu casamento, quando entrou para uma velha família inglesa do judiciário, com posses na Irlanda, onde ela viveu por algum tempo em uma das casas senhoriais. Seu marido morreu cedo, nunca falava dele, não lhe tinha causado impressão nenhuma, havia mais de cinquenta anos que vivia só. Numa propriedade ao norte de Londres, para onde se mudou depois de voltar da Irlanda, tornou-se vizinha de George Bernard Shaw. Via-o com muita frequência e gostava imensamente de conversar com ele. Era rápida, espirituosa, maldosa e não menos incansável do que ele. Parece que ele também gostava de sua companhia. Quando estava ausente, escrevia-lhe cartas, todas guardadas por ela. Às vezes se gabava do grande maço de cartas de Shaw, sem jamais deixar que se lesse uma linha. E, assim, media a espirituosidade das inúmeras pessoas com que travava contato sempre pelo padrão de George Bernard Shaw; não é de admirar que a maioria lhe parecesse desinteressante.

Já estava com idade bastante avançada durante a guerra, quando o governo britânico encontrou um bom emprego para ela. Foi nomeada — em Londres — uma espécie de anfitriã e tinha de fazer as honras a todos os membros dos governos estrangeiros que viviam exilados em Londres como aliados da Inglaterra. Sabia logo com quem estava tratando e encontrava o tom adequado para qualquer senhor e ministro. Hoje não se faz ideia do número desses governos que, graças à Inglaterra, existiam em Londres àquela época. Ela conhecia todos, inclusive os renitentes, que não facilitavam as coisas para os ingleses e sabiam opor à soberba destes uma soberba própria, de índole nacionalista. Aquele que ela mencionava mais frequentemente em seus relatos era o mais difícil de todos, de Gaulle. Apesar de todo escárnio, ela nunca teria ousado afirmar que mantivera uma conversa com ele. Era tão abrupto e ininfluenciável que ela tinha uma secreta e nunca confessada predileção pelo francês, ainda que ele fosse hostil a tudo quanto era anglo-saxão. Seu verdadeiro padrão sempre foi George Bernard Shaw e todos os ministros estrangeiros que pudessem competir com ele em expressões espirituosas e achados surpreendentes.

Mrs. Phillimore escrevera um livro sem, no entanto, nunca o assinar. E este livro foi um dos maiores sucessos de venda. Com os ganhos poderia ter pago, como ela dizia com certo desdém, sua suíte no Ritz, bem como os convites para seus jantares. O livro tinha o título *Ele* e era de um "discípulo desconhecido". É evidente que ela era o discípulo desconhecido e que Jesus era "Ele". Nunca o li, ela provavelmente o escrevera no começo do século. Que tivesse um tal êxito era inevitável no âmbito de leitura inglês. Não creio que o livro em si lhe tenha subido à cabeça. Mas ela sempre foi consciente de seu sucesso exterior e desprezava autores com baixos números de venda. Nunca se deu conta da contradição entre o assunto do livro e seu tino comercial. Principalmente, deduzira deste o direito de tratar qualquer escritor de igual para igual, e, em consequência de seu convívio com Shaw, sentia-se superior a todos.

Ela tinha olhos penetrantes negríssimos num rosto fino e comprido e uma testa saliente que parecia quase doentiamente alta. Tudo nela era negro e talvez a sensação de que os seus olhos eram penetrantes se devesse apenas a sua maldade. Apesar de toda vitalidade, era possível imaginá-la com cem anos, e de fato não era muito mais jovem do que isso. Politicamente devia ser partidária dos Fabian, mas sem que incomodar ninguém com isso. O sistemático não era seu forte e, ao que parece, não buscou o contato com os Webb. Shaw era, como já disse, seu ponto de referência em tudo quanto pertencia a *este* mundo. Mas *Mrs*. Phillimore estava — creio que já havia muito tempo — mais imbuída do outro mundo e militava com obstinação a favor deste além. Quando tratava com alguém que não era crente, fazia pelo menos propaganda para a Society for Psychic Research, de que era benfeitora. Acreditava firmemente em fantasmas e oferecia centenas de exemplos que ela própria vivera.

Se alguém ainda assim insistia em duvidar, ela vinha com ameaças. Mais de uma vez apontou os olhos como punhais para mim e disse: "I shall haunt you!" — "Vou assombrá-lo!" Esperava ansiosamente todas as maldades que lhe seriam permitidas após a morte e talvez fosse esta a razão principal pela qual insistia com quase diabólica obstinação na ideia de que a alma sobreviveria.

Já havia muitos anos que se instalara no Ritz, e no início sua situação ali não foi nada boa. Na suíte do último andar, onde vivia naquela época, sentia-se péssima, atormentada e perseguida e não entendia o porquê, até o momento em que soube que no dormitório onde se recolhia fora cometido um suicídio que chamara muito a atenção. Um homem de uma família renomada, creio que o filho de um almirante, atirou-se da janela daquele quarto e estourou os miolos lá embaixo, em Piccadilly. Isso nem fazia tanto tempo e ela talvez até tivesse tido um certo receio de se mudar para o Ritz, se o ambiente deste hotel não lhe fosse tão familiar pelas recepções que ali dera durante a guerra. Não fazia ideia alguma, porém, da suíte que lhe haviam dado. Era a primeira hóspede que dormia no quarto daquele infeliz, e o fato de sentir durante semanas o tamanho da infelicidade da alma que ali perambulava foi para ela a prova cabal da veracidade de suas convicções. Finalmente um dos garçons compadeceu-se e contou-lhe o segredo. Ela imediatamente mandou vir padres do Brompton Oratory, que afugentaram o espírito maligno por exorcismo.

Mesmo assim, mudou de suíte e contava para todos os seus convidados novatos, já na primeira visita, o que se passara no hotel. Em seguida, era fácil voltar para o seu tema predileto, voltar constantemente; mesmo na época em que já a conhecia talvez há um ano, ela continuava falando de experiências com fantasmas. A mais conclusiva, a mais irrefutável para ela era aquela com o suicida do hotel Ritz.

Anos atrás, *Mrs.* Phillimore alugara uma das casas na propriedade de meu amigo Aymer, no condado mais austral da Escócia, em Galloway. Passou ali os seis meses mais quentes do ano e encontrava Aymer vez por outra. Ele era quase cinquenta anos mais novo do que ela e pouco notava sua inquilina. Assumira a sucessão de seu avô, que entendia muito dos mais variados assuntos, das línguas e da história dos celtas, do cultivo de árvores e jardins — um dos maiores conhecedores de rododendro da época, plantara bosques inteiros à sua volta —, e que escrevia muitos livros, da espécie que as pessoas nas ilhas britânicas gostam de ler. Não se pode chamá-los propriamente de ciência popular, já que são repletos de vasta experiência pessoal. Seu filho e herdeiro genuíno, um jovem capitão, fora um dos primeiros a morrer nos campos de batalha da Primeira Guerra Mundial. Aymer, o neto, teve de esperar muito até que o avô, um homem cheio de saber e erudição, o mais respeitado do condado, decidisse morrer. Quando finalmente chegou a hora, o jovem *baronet* assumiu a herança, em tudo diferente de seu avô, espirituoso, alegre, na maior parte do tempo em viagem, desinteressado do saber estéril, demasiado irrequieto para contentar-se com os afazeres regulares de uma grande propriedade rural.

Mrs. Phillimore alugou uma das casas mais afastadas deste jovem barão, não demasiado apegada ao solar que ele próprio habitava. Ele tinha uma cabeça audaz, parecia rápido e decidido, um excelente atirador, que naquela época ainda ia à caça. Dava a impressão de ser mais cruel do que realmente era, no primeiro encontro com ele pensava-se inevitavelmente em um *viking*. As pessoas associavam-no às mais perigosas aventuras, ainda que em realidade não tivesse passado por nenhuma. Além disso, em sociedade era não raro acometido por um gaguejo desagradável que em nada condizia com a sua aparência. Mesmo assim, *Mrs.* Phillimore tinha verdadeira obsessão por ele. Conhecera incontáveis pessoas em sua vida, algumas delas não eram de maneira alguma triviais; mas por este, e apenas por este, era obsessiva. Ele pouco se importava. Mulheres não o interessavam, como bom e cobiçado partido que era, precavia-se e só convivia com elas quando eram realmente compromissadas e, portanto, inofensivas. Da velhíssima *Mrs.* Phillimore, porém, não precisava ter medo. Depois de se mudar para Londres, onde logo se tornou meu amigo, aceitava vez por outra convites para jantar em sua casa. Ela sabia que só poderia atraí-lo com pessoas extraordinariamente interessantes, mundialmente famosas ou sinistras. Aymer contou-me tudo de si e demonstrava afeição por mim, eu gostava de seu caráter aparentemente fogoso e selvagem, mas na verdade nunca calculável. Falou-me muitas vezes dos convites de *Mrs.* Phillimore e admitia que, eventualmente, dependendo dos outros convidados esperados, esses convites o tentavam, mas no fim não ia, porque se envergonhava de sua ignorância. Tinha o avô onisciente diante dos olhos, que neste aspecto o oprimira e atemorizara. Pediu-me insistentemente que fosse conhecer o velho diabo, como chamava-a. Tinha certeza que me impressionaria, dada minha predileção por figuras esdrúxulas. Depois disso, eu ainda poderia decidir se aceitaria convites seus e, em caso afirmativo, ele também iria de bom grado. Disse ter muita curiosidade em relação a vários dos convidados de *Mrs.* Phillimore, mas necessitava da presença de um amigo que se colocasse como protetor ante a sua ignorância.

Cedi sem muita demora à sua pressão e não me arrependi. Logo no primeiro jantar que fui na casa de *Mrs.* Phillimore, ela falou de fantasmas, Bernard Shaw e Bertrand Russell, tudo misturado. Conhecera bem este último em anos anteriores, fora a amiga mais íntima de sua primeira mulher, Alice. Chamava-o de Bertie, demorava um bom tempo até que se percebesse de quem ela estava falando. Não havia um vestígio de respeito por Russell na fala de *Mrs.* Phillimore, ao passo que eu estava cheio de admiração por sua conduta naquela época. Ela, ao contrário, tinha um desprezo vitoriano agudo por um homem que deixava a esposa apenas porque se apaixonou por outra. Como ela própria nunca tinha amado nem sido amada, não acreditava no poder da atração erótica. Tinha-a por fraqueza, e de que maneira ela poderia levar a sério um homem que era acometido por esta fraqueza? Vivenciou a separação de Bertrand Russell e Alice com os olhos da amiga, e em momento algum lhe ocorreu nem sequer suspeitar que o homem pudesse ter prescindido de algo neste casamento. De sorte que, para ela, era um pecador e, como — ao contrário dela — tinha uma estatura razoavelmente pequena, era um pequeno pecador. Já Bernard Shaw era a seus olhos um homem bem diferente, tratava-se de alguém como ela, desinteressado do sexo, alguém que tinha coisas mais interessantes para falar e das quais sempre falava. Contudo, *Mrs.* Phillimore era bastante viva e percebeu no ato, em minha primeira visita, como Aymer e eu aguçávamos os ouvidos, sempre que o nome Bertie passava como se nada fosse pelos lábios da anfitriã. Aymer, porém, não queria dar pontos sem nó e certificou-se primeiro se era realmente Bertrand Russell a pessoa de quem ela falava. "Mas ele não viria vê-la no Ritz, decerto tem coisas mais importantes a fazer", disse. "Se *eu* o convido, ele vem imediatamente", retrucou ela. "Ainda tem remorsos por causa de Alice. Trato-o como qualquer engraxate do hotel. Querem ver?", acrescentou ainda, com o ar mais inocente do mundo. Primeiro me mostrei devidamente indignado; de fato estava, e, embora não acreditasse em suas palavras, parecia-me desprezível humilhar um homem como Bertrand Russell na frente de outros convidados e até convidá-lo para este fim. Disse isso de maneira muito breve, mas educada, sem repriminda, já que era a primeira vez que estava ali. Aymer concordou comigo sem compartilhar a minha opinião e emendou: "Talvez fosse melhor que não houvesse outros convidados, principalmente convidados mais idosos, assim ele não precisaria se envergonhar de verdade." "Ótimo", disse *Mrs.* Phillimore, "fazemos uma noite a quatro, vocês dois, Bertie e eu. Quando têm tempo?" Aymer, que não tinha nada para fazer, gostava de fazer-se de rogado e sugeriu uma noite para dali a mais ou menos quinze dias. "Combinado", disse *Mrs.* Phillimore, e quando objetamos que era preciso esperar até que se soubesse quando *ele* poderia, ela riu um riso sardônico e disse: "Se *eu* sugiro a data, ele vem *amanhã*." "Não será preciso convidar a mulher?" "Não, ele sabe disso. Depois de Alice não reconheci nenhuma de suas mulheres. De resto, não tem nenhuma no momento. Acaba de separar-se da terceira e uma quarta ainda não apareceu."

Ela sabia o que estava dizendo. Com exceção das histórias de fantasmas, nunca a apanhei faltando com a verdade. Na noite designada por ela (ou na verdade por Aymer), ele estava lá, encontramo-lo já presente quando chegamos, um homem muito pequeno que apesar da idade se mantinha aprumadíssimo, com uma cara completamente espiritual e cujo inglês no diálogo era como o de um senhor cultíssimo do século XVIII. Falava como Horace Walpole escrevia as suas cartas. *Mrs.* Phillimore, normalmente já acostumada a um tom de escárnio, não abdicou deste em momento algum naquela noite. Queria que ele e nós notássemos quão implacavelmente o odiava por sua vida "imoral". Aymer, encantado pela conversa espirituosa e muito viva de Russell (era aquilo que ele mais desejava para si mesmo e que também tinha, descontado o gaguejo que às vezes o acometia nos momentos mais espirituosos), naquela noite não pôs de lado em momento algum o seu preconceito de classe contra ele. Russell pertencia à alta nobreza inglesa e era neto de um primeiro ministro famoso, mas abdicara, por desdém, de portar seu título de duque. O próprio Aymer era apenas um *baronet*, ainda que de estirpe muito antiga. Sua mãe, porém, era filha de duque, uma Percy de Northumberland, e ele, que em muitos assuntos se mostrava livre e sem preconceitos, dava importância à hierarquia. Com todo o escárnio em relação a seus vizinhos, cujas propriedades campestres às vezes visitava, importava-lhe, como me explicou, que cada um levasse a sério o nível hierárquico a que pertencia e que não o rebaixasse no trato com os outros. A mãe de Aymer enchera-o cedo de antipatia para com esse duque renegado. Em vez de Duque de Bedford, queria ser apenas o filósofo Bertrand Russell e na Primeira Guerra Mundial não teve vergonha de se deixar encarcerar durante seis meses, por ser pacifista.

Naquela noite não se falou de nenhuma de suas convicções. Tinha muitas e expusera e defendera-as em livros bem escritos, muitíssimo legíveis. Teria sido completamente em vão trazer à baila o seu ponto de vista sobre o amor livre na mesa de *Mrs.* Phillimore. Neste aspecto, ela tinha *todo e qualquer* preconceito vitoriano e estava decidida a não deixar passar nenhuma de suas opiniões "amorais". Ele não perdeu o bom humor e falou de assuntos literários. Todas as palavras saíam redondas e bem formadas de sua boca e eram pronunciadas de maneira a jamais deixar margem para qualquer equívoco, não tinha nada daquele engolir preguiçoso das palavras, tão usual entre ingleses cultos. Dizia-se

Aymer Maxwell

que tivera aulas de retórica. Se isso correspondia à verdade, as aulas haviam sido bem aproveitadas. Naquele momento, estava trabalhando num livro de contos que mais tarde seria publicado com o título irônico-provocador de *Satan in the Suburbs*. Como havia um escritor na roda, testou o livro, por assim dizer, na reunião daquela noite. O inglês soava em sua boca tão seguro e perfeito como se poderia esperar da grande literatura do século XVIII. No entanto, terminava sua fala com a risada de um bode, tão selvagem e perigosa que chegava a ser assustadora. Não a cortava, prolongava-a, sentia-se o quanto lhe custava separar-se dessa risada. Até mesmo *Mrs.* Phillimore, que afinal lhe conhecia bem, ficou assustada. Todo o animalesco de sua natureza estava contido em sua risada, um sátiro, embora pequenino, extremamente impetuoso e incansável. Com o olhar maligno e perfurante de *Mrs.* Phillimore e o gaguejar impotente de Aymer essa risada formava uma tríade singular. Eu, porém, confrontado com tanta animalidade, senti-me um tanto débil e excluído. Não me restava outra coisa a não ser contar algumas histórias, e uma dessas histórias, que tratava do duque espanhol Dantin e da locomotiva por ele furtada, encantou Russell de tal maneira que exclamou várias vezes e com todo o peso: "You delight me!". Também esta atitude, de uma forma tão direta, nunca presenciara com um inglês.

Conheci o Duque Dantin como fugitivo em Paris, durante a Guerra Civil Espanhola, ele tinha fugido dos republicanos, não trouxe nada exceto uma locomotiva e me perguntou — uma amiga acabara de apresentar-nos em um café — se não sabia de alguém que se interessasse por sua locomotiva, "una locomotora". Tinha o rosto de um tigre em escala menor e anunciou, logo depois da oferta da locomotiva, que mataria a tiro seu irmão de sangue em Madri, um traidor. Este irmão, um geógrafo famoso, abdicara do título de nobreza, chamava-se Dantin Seresada e era professor da Universidade de Madri. Estava do lado dos republicanos e *ficou* na capital espanhola. Meu novo conhecido só se arrependia de sua fuga por uma única razão: não tivera tempo de fuzilar o irmão. Disse que era o último desejo de sua mãe moribunda, que matasse este republicano e filho degenerado, o seu irmão. Era verdade que não tinha nada, mas com a locomotiva se viraria. Assim que a vendesse, daria um jeito de chegar à Venezuela, onde tinha um amigo que estava no governo. Dele ganharia um posto de ministro e, assim que tivesse roubado o suficiente, daria no pé, voltaria para a Espanha, a Espanha liberta. Talvez então ainda pudesse matar o irmão.

Eu não sabia nada sobre seus destinos posteriores. Ele desapareceu tão de repente como tinha aparecido, com uma recomendação de minha amiga. Conseguiu, com a ajuda desta amiga, vender a locomotiva. Ela foi parar num trilho secundário, não muito longe de Versalhes, onde era possível visitá-la.

Talvez não tenha sido apenas a locomotiva como bagagem de fuga, mas também a discórdia entre os dois irmãos aristocráticos que tanto encantou Bertrand Russell nessa história. A partir desse momento, relaxou um pouco, sentia que pelo menos *um* dos membros da pequena roda não era seu inimigo e, ainda que não mudasse minimamente a precisão de sua eloquência, deixou transparecer que tinha muitas histórias, e histórias bastante fantásticas, para contar. Era nítido que, tendo em vista seu livro de contos vindouro, *Satan in the Suburbs*, queria legitimar-se perante o único escritor presente. Um homem que brilhara com tantos livros lúcidos sobre os mais variados assuntos — e isso desconsiderando por completo sua obra principal lógico-matemática —, que escrevera por exemplo, depois de uma viagem àquele país, o melhor livro sobre a China da época, um homem tão profundamente instruído, e ainda assim capaz de qualquer transformação, este homem levava tão a sério sua última metamorfose, a metamorfose em um narrador literário, que queria fazer boa figura perante aqueles que não faziam outra coisa a não ser literatura.

Ficamos um longo tempo e deixamos o hotel juntos. Aymer permitiu-se um último sinal de desaprovação. Não perguntou a Bertrand Russell se podia levá-lo para casa — mas este, pelo número de anos um homem bastante idoso, não deu a menor importância a isso e desapareceu ligeiro diante dos nossos olhos na estação do metrô Green Park.

Aymer desmanchou-se em gentilezas, obrigou-me a sentar em seu Bentley, que amava acima de tudo, e teve de ouvir, enquanto me levava para Hampstead, umas quantas verdades sobre a sua pessoa.

Encontrei Bertrand Russell em somente mais uma oportunidade, desta vez, porém, numa reunião grande, entre muitas pessoas. A revista *Nineteenth Century*, que tentava se renovar, rebatizando-se como *Twentieth Century*, deu uma grande recepção, numa casa em Mayfair que alugara para esta ocasião. Convocavam-se os convidados para conhecer *Mr.* Pannikar, o embaixador indiano na China que vivenciara de perto os primeiros anos depois da reviravolta política naquele país e que agora deixava seu posto. *Mr.* Pannikar, historiador de formação, estava em via de escrever um livro sobre suas experiências na China. Era a possibilidade de encontrá-lo e fazer perguntas. Ele era um homem sociável e muito educado e estaria disposto a responder a todas elas.

Bertrand Russell, que publicara o seu livro sobre a China um quarto de século antes, estava presente, e eu me encontrava perto dele quando falou com *Mr.* Pannikar. Foi o interrogatório mais exaustivo que presenciei em minha vida. As falas eram todas de bate-pronto, e Pannikar não menos rápido e vivo que seu parceiro de conversa. Em vinte minutos, dado que não se piscava nem por um instante e que não se deixava desviar a atenção por ninguém, vinha-se a saber mais sobre a nova China do que pelo mais grosso livro.

As perguntas sobrepunham-se e, de maneira milagrosa, projetavam luz também sobre assuntos que nem eram o objeto da conversa. O não-dito era realçado de tal maneira pelas palavras ditas antes e depois que se pensava tê-lo escutado. Havia algo nos saltos da mente de Russell que fazia o indiano parecer notável. Sem dúvida, não se podia subestimá-lo, li seu livro depois, mas aquele inquérito foi uma outra coisa. Fez deste homem inteligente, minucioso e experiente um pensador espirituoso. Dispensou-o, por assim dizer, dos nexos lógicos corriqueiros. O que se perdia em ordem, ganhava-se em espontaneidade. Dava a impressão de que Pannikar refletia pela primeira vez sobre as coisas que relatava. Era muito pouco provável que realmente fosse assim. Mas, graças aos saltos em ziguezague de Russell, parecia ser precisamente isso. Aquilo que um leitor de jornal já saberia de qualquer maneira, o cotidiano e trivial, nem sequer aparecia na conversa. Uma pessoa "inocente", que lesse apenas um bom jornal — e bons jornais sempre houve na Inglaterra —, não teria compreendido do que se tratava. Algumas outras pessoas haviam cercado os dois e ouviam atentamente. A nata do mundo intelectual e político de Londres estava presente naquela recepção. Creio que todos que escutavam suspenderam a respiração e que a minha própria reação só se tornou exteriormente mais visível porque — ao contrário dos costumes ingleses — não fiz esforço algum para escondê-la.

Mas eu não cheguei de imediato a este cerne da noite. Antes perambulara pelos diversos ambientes, talvez em missão de reconhecimento de quem estava. Mas talvez também já estivesse um tanto à procura de Bertrand Russell, porque lera, havia anos, o *seu* livro sobre a China e aprendera muito com a leitura. De repente, ouvi o balido de um bode, tão forte que me assustei, só podia ser ele. Segui o balido contínuo e encontrei-o no exato momento em que ia começar a conversa com Pannikar. Quem o levara a balir antes tão larga e penetrantemente eu não sabia, porque a partir de então se aferrou à conversa que o manteria ocupado durante pelo menos vinte minutos, em total concentração. Quando chegou perto do fim, a conversa afrouxou um pouco. Percebi isso pelo fato de que só agora começava a observar as pessoas que formavam um círculo apertado em volta dos dois. Não fui muito longe com minhas observações, pois logo na imediação de Betrand Russell, um pouco atrás dele, havia uma jovem mulher de grande beleza que já chamara a minha atenção durante a primeira volta, um bom tempo antes que o conhecido balido começasse. Não eram poucas as mulheres belas naquela recepção. (Já Dostoiévski notou a beleza das mulheres da classe alta inglesa quando, há mais de cem anos, fez, como convidado de Alexandre Herzen, uma rápida visita a Londres.) Todas as gerações femininas estavam representadas, acompanhavam homens poderosos ou famosos com as mais diversas razões para mostrar-se com elas, mas esta que estava agora bem atrás de Bertrand Russell, tão perto que quase o tocava, devia ter pouco mais de vinte anos e era de longe a mais bonita. Seria tentador descrevê-la, mas ela desapareceu depressa demais. Bertrand Russell mal tinha acabado de fazer a sua última pergunta, quando sentiu sua presença e se virou rapidamente. Por sua expressão, notava-se que a via pela primeira vez, imediatamente irrompeu em seu canto de bode e riu tão alto que a resposta de Pannikar à sua última pergunta desapareceu na risada e não foi audível para ninguém. Como se tivessem marcado um encontro, o homem de oitenta e a mulher de vinte, ele deixou a recepção com ela sem qualquer cerimônia. Ao sair, continuou rindo, ela, porém, parecia a cada passo mais bela.

Arthur Waley

Era conhecedor do chinês e do japonês e de uma quantidade de outras línguas do Oriente, de quantas ninguém sabia. Traduziu pelo menos duas dúzias de volumes dessas línguas, a maioria do chinês. Ele próprio era poeta e traduzia de maneira bem diferente do que antigamente se costumava fazer. O *Livro das canções*, [...] o *Shih Ching* chinês, uma coletânea de canções populares editada já por Confúcio, lia-se em sua tradução como uma coletânea de verdadeiras canções populares. Como remontam a um tempo precoce da China, é de supor que representam as canções populares mais antigas de todas ainda hoje lidas e cantadas. Em nenhuma língua asiática, até onde as conheço, há uma tradução que se pudesse comparar com esta de Waley. Pela substância poética, seria possível pensar em algo alemão, por exemplo em *Des Knaben Wunderhorn*[10]. Na equivalência de todas as 305 canções que contém, na uniformidade do tom, na brevidade da expressão, na contenção do sentimento ainda assim perceptível, não saberia de nada que se pudesse equiparar a ela. Waley também traduziu poetas da época clássica, um livro seu trata de um grande poeta do período da dinastia Tang, Po Chu-i. Contém cem de seus poemas e descreve de forma fascinante a sua vida, como se se tratasse de um poeta moderno de nossas culturas. Com isso, mencionei apenas dois de seus 25 livros. Acrescento um terceiro porque trata de filósofos chineses e de sua constante antecipação de pensamentos do nosso tempo mais recente. *Three Ways of Thought in Ancient China* contém uma primeira parte do Chuang-tzu, o taoísta, para mim o mais maravilhoso que a cultura

---

10. Literalmente, "A trompa (ou cornucópia) do menino". Coletânea de canções populares em três volumes que os poetas românticos alemães Achim von Arnim e Clemens Brentano publicaram entre 1805 e 1808. [N.T.]

chinesa produziu; uma segunda parte sobre Meng-tzu, chamado de Mêncio pelos jesuítas, o mais atraente e influente dos discípulos de Confúcio. A terceira parte acertou-me como uma paulada, não sabia nada da escola filosófica chinesa dos realistas, assim a chamava Waley, uma escola precisa do *poder* que também influenciara a formação do primeiro império centralizado dos chineses. É difícil fazer uma ideia de como são facilmente legíveis estes livros, em boa prosa moderna. Esse livro foi publicado em 1939, meio ano antes da eclosão da guerra. Eu chegara à Inglaterra poucos meses antes. Foi um dos primeiros livros que li. Desde o primeiro dia na Inglaterra, fora a minha meta dedicar-me exclusivamente ao trabalho de *Massa e poder*. Nada mais deveria contar, nenhuma "literatura" seria permitida. Queria privar-me de tudo que me pudesse distrair. Como recompensa, deparei-me logo com esse livro. Eu o incluiria entre os dez livros de maior importância na minha vida.

O acaso quis que Arthur Waley fosse o único inglês que tivesse lido algo de mim. Entre as línguas "normais", que dominava para além das orientais, estava também o alemão. Era, já existia isso naquela época, um esquiador apaixonado e viajava todos os anos, pelo fim do inverno, para Kitzbühel. Em 1935, ficou até depois da Páscoa. Na edição de Páscoa da *Frankfurter Zeitung*, saiu naquele tempo o primeiro artigo sério sobre *Auto-de-fé*, o romance publicado no outono de 1935. Na resenha, logo chamou a sua atenção que um sinólogo fosse o personagem principal do romance. Encomendou o livro e veio a saber que este sinólogo não pensava a respeito das mulheres muito diferente do que ele próprio. Ele, que repudiava a maior parte da literatura europeia, gostava do livro por causa do "[...]" de sua prosa, que lembrava o chinês. Foi o que ele me disse mais tarde sobre o livro.

Imagine-se o que significa ter, num país grande, que para mim era o país de Shakespeare e de Dickens, *um único* leitor. O fato de este único leitor ser um homem como Arthur Waley, um homem de uma cultura universal, a maior que eu até então conhecera, não fazia o fenômeno mais facilmente explicável. Equivaleria a uma desfiguração da nossa relação não falar da condição prévia para ela.

Conhecemo-nos ainda durante a guerra, eu o visitei às vezes em Gordon Square, Bloomsbury, e no andar mais alto da casa ficava a biblioteca. Em seu centro estava a longa, abarrotada, porém organizada mesa, ali era o seu escritório.

Nossa história começou de uma forma um tanto unilateral, porque *eu* era quem perguntava. Devorava seus livros, que felizmente eram numerosos. Todos estavam escritos em língua polida, igualmente fascinante para poetas e homens de saber. Em nenhum deles se repetia o que diziam os anteriores, ficava-se sabendo mais e mais, e era justamente essa cultura o ponto que mais me atraía. De modo que parecia ser uma sorte que esse homem de interesses variados conhecesse um livro meu e que o levasse a sério. Tinha uma cabeça muito bela, não exatamente como a de uma ave de rapina, mas ainda assim relacionada a espaços amplos. Não lhe escapava nada do que se dizia em sua presença e, contudo, podia-se pensar que espreitava ao longe. A contradição nesta formulação expressa precisamente o que se sentia em sua companhia. Porque a cabeça parecia sempre parcialmente desviada, como se estivesse focada em movimentos longínquos dos quais não devia deixar escapar nenhum e que para ele, mas só para ele, eram ainda alcançáveis. Porém, a desconfiança de que se estava entediando Waley e que ele por isso deixava de prestar atenção era completamente equivocada. De súbito e com agudeza cortante vinha sua resposta a uma pergunta, e vinha tão rápida que ele não poderia ter tido tempo para refletir e às vezes dava a impressão de que respondia antes mesmo que se tivesse perguntado. Mais de uma vez me flagrei com a ideia de que ele estava lendo meus pensamentos e antecipava a formulação desses pensamentos pela resposta. Ao mesmo tempo, porém, essa mesma cabeça espreitava. Eu gostava de imaginar: palavras chinesas que não tinham nada que ver com o assunto da nossa conversa.

Nunca antes conhecera uma dupla presença dessa ordem. Surpreendia sem perturbar. Talvez eu tenha superestimado inicialmente a gentileza de sua postura, talvez ele gostasse de *explicar* quando era perguntado com tanta persistência. Como eu próprio não afirmava quase nada, [...] Aquilo que eu sabia de qualquer maneira não me interessava minimamente em sua presença. Ter-me-ia parecido um desperdício estúpido gastar o tempo precioso de uma visita com isso. Porque, apesar de todo interesse por coisas orientais, tudo ali era regido pela pontualidade inglesa. O tempo era repartido, não se podia abusar do tempo de ninguém e muito menos do dele. Primeiro nos encontrávamos por uma hora, quase como quando se tem aulas com alguém. Depois o tempo se estendeu a uma hora e meia, a mais, quando estávamos sozinhos e jantávamos, nunca. Eu poupava, pois, o tempo — totalmente contra minha natureza, que neste aspecto é oriental —, olhava o relógio, é ridículo dizer isso, quando a conversa mais me fascinava, levantava, e ele me deixava ir — na Inglaterra não se retém ninguém que faz menção de partir, seria uma interferência em sua liberdade pessoal — e enquanto descia as escadas de sua casa, sentia-me um idiota, porque eu mesmo estava me sujeitando a um desses maus hábitos ingleses, de um tempo sempre recortado.

E, assim, já o conhecia havia um bom tempo e não tinha percebido o desprezo que ele alimentava em relação a inúmeras coisas, só porque estas significavam algo para outros.

A soberba de Arthur Waley era uma soberba de *juízo*. Ele rejeitava mais ou menos tudo. Quem não estivesse preparado, assustava-se mortalmente com essa soberba. Veza encontrou-o uma única vez, numa festa na casa de Engel Lund. Ouvira falar muito dele, principalmente de mim, e aguardava ansiosamente a ocasião de conversar com ele sobre escritores ingleses e também alemães. Waley jamais mudava, sua cara era sempre a mesma, qual máscara do teatro japonês, seus juízos tinham sempre a mesma agudeza.[11] Nunca eram adaptados à capacidade de apreensão de seus interlocutores. Era-lhe indiferente se com uma sentença de morte sobre um autor amado, talvez o centro de uma vida, lançava alguém em assombro e desespero. Veza tinha vários autores desses, todos lhe eram igualmente caros e seu entusiasmo por eles crescia com o passar dos anos, talvez porque não houvesse o acréscimo suficiente de coisas *copiosamente* novas. Quando falava de romances, estava sempre falando de *personagens*. Era habitada por eles como por amigos próximos que, com o passar dos anos, se tornavam cada vez mais importantes. O juízo de Waley era a respeito do feitio. Nunca se deixava dominar completamente pelos personagens. Considerava-se demasiado importante para tanto.

A sequência de mal-entendidos começou com a *Vanity Fair*: Waley cortava no ato qualquer conversa sobre Thackeray. Este nome era menos que indiscutível, não era sequer digno de menção. Um golpe duro para Veza, logo de início, que amava a sua Becky Sharp. Ele tinha desconcertado Veza de imediato e fazia de conta que não percebia, porém, era precisamente este o seu objetivo: o estabelecimento de uma espécie de regime de terror do juízo. Veza ainda tentou isso e aquilo, mas logo recorreu a seu máximo: *Fausto*. Mas cruzara o caminho da pessoa errada. "Very bad writing", disse Waley, "mal escrito". Veza teve certeza de ter ouvido mal. "O senhor refere-se ao *Knittelvers*?", perguntou, "mas

---

11. Ou "os seus veredictos eram sempre igualmente severos", já que o original é: "seine Urteile hatten immer dieselbe Schärfe". [N.T.]

este foi empregado com maestria." "Refiro-me a *tudo*", foi a resposta rápida e cortante de Waley, "não vale nada, absolutamente nada" ("No good, no good at all!"). Eu sabia que Veza agora estava cambaleando. Encontrava-me a seu lado e sentia dó, era de se compadecer dela, porque ia tão raramente a festas. Desta vez consentira em ir, porque se tratava do lançamento de *Auto da Fé*, a versão inglesa de *Die Blendung*. Waley era a única pessoa na Inglaterra que conhecia *Die Blendung* já antes da guerra: lera o romance em alemão. Ficou muito impressionado, o que acontecia raramente quando se tratava de literatura contemporânea, e perguntava de seu autor aos imigrantes que encontrava. A eles declarou, à sua maneira cortante, que, com exceção de Kafka e *Auto-de-fé*, era incapaz de ler qualquer romance alemão moderno. Por este juízo, conquistara de imediato o coração de Veza, que pensava completamente diferente dos autores modernos alemães. Com efeito, não apreciava Kafka e gostava de ler Thomas Mann. *Auto-de-fé* definitivamente não era seu livro preferido, mas era meu, e ela se dedicava com uma espécie de obsessão a meu destino de escritor. Mas nunca pôde livrar-se da suspeita de que o ódio de Kien pelas mulheres dissesse respeito também, de certa maneira e por desvios, a ela. Depois de tudo se deixou convencer de ir à festa de Engel e esperava por uma bela conversa com Waley, na qual pudesse mostrar não só o quanto lera, mas também que *entendia* um bocado de literatura.

Jamais poderia imaginar que *qualquer* nome que ela mencionasse seria rejeitado com desdém, que, quase paralisada pelo susto, logo teria de lançar mão de seu máximo, o *Fausto*. Fez uma tentativa com Heine, de quem Waley concedeu, com condescendência mas não de todo o coração, que pelo menos algumas coisas eram legíveis. Dickens era "no good at all". Quando cometeu a loucura de mencionar *Les Misérables*, ele nem sequer respondeu. Ela sentiu que estava a ponto de se dissolver em nada ante os olhos dele e pulou logo para os russos, que, até então, sempre se revelaram o terreno mais seguro. Com ímpeto mencionou o seu romance preferido, *Anna Karenina*! Ele fez um gesto depreciativo com a mão, mas dignou-se a duas palavras: "Pretty boring", "bem chatinho". Ali não restava margem para adivinhações. Eu sabia que Veza nunca lhe perdoaria isso. E também não esquecia do meu caso: quando ficava irada sempre tive de ouvir que também eu ousara achar *Anna Karenina* bem chatinho. Neste ponto, porém, ela era totalmente inabalável. Tratava-se do destino da *mulher*, e contra *esta* soberba de Waley, e provavelmente também contra a minha própria, ela sabia que tinha razão.

Talvez eu devesse ter relatado apenas a conversa entre ela e Waley, principalmente os nomes, os muitos nomes, e os comentários teriam sido supérfluos. Mas só me lembro de alguns dos nomes mencionados e não quero inventar nenhum de que não tenha total certeza, de maneira que introduzi esta e aquela explicação sobre Veza e sobre ele; mas proponho-me doravante a evitar modos de narrar tão oscilantes.

Nesta recepção, apareceu também Anna Mahler, com um chapéu enorme. Só ficou por pouco tempo. Quando todos tinham visto o chapéu e também entendido quem se encontrava debaixo dele, ela ainda deu um giro completo em torno do próprio eixo e desapareceu. Para Waley, que fora esperado e observado por todos com curiosidade e grande estima, ela nem sequer lançou o olhar. Bastava-lhe a certeza de ter sido percebida por ele graças ao chapéu. Mas neste ponto estava enganada, ele não dava a mínima para mulheres e só se ocupava com Veza porque estava do meu lado e eu lhe impunha sua companhia por ser minha esposa.

Diana Spearman

Quando penso na Inglaterra, recordo sempre as pessoas com quem tive, durante anos, conversas exaustivamente insípidas. Não são poucas, uma considerável parte de minha vida ali naquela época consistia em tais conversas. Para muitas pessoas me tornei uma espécie de vício, a que não conseguiam resistir. Mas eu não era menos viciado, já que sempre me achava outra vez disposto a consentir com essas conversas de horas a fio. Ouvia bem por muito tempo, era honesto nisso, mas não se tratava apenas de pura honestidade, ouvir tudo que as pessoas queriam contar de si era também a minha paixão. Com isso me comportei a vida toda como a espécie de seres humanos que mais profundamente desprezo: os analistas, porque enquanto analistas sabem *parecer* interessados, e via de regra não exercem muito mais do que paciência. Têm a *aparência* de prestar atenção. Desempenham bem este papel, pois, considerando o que normalmente têm para *dizer* depois, temos a impressão de que antes mesmo de escutar uma única palavra já sabiam exatamente o que iriam dizer. Em realidade, sua paciência consiste no fato de *engolirem* as palavras que ouvem, *sem digeri-las*. Tudo lhes é digerível, mas seria demasiado demorado levar tais coisas seriamente em consideração. Seu tempo é precioso, eles o vendem caro.

Eu próprio era mais *ouvinte* do que analista, e ouvi tanto que haveria algumas centenas de volumes para escrever, caso ainda lembrasse de tudo. Mesmo a fração que consegui conservar seria suficiente para alguns livros. Mas nem cogito proceder à exploração desta fonte. Só quero manter vivos alguns caracteres, que na época se tornaram personagens para mim, e assim permaneceram, ainda que não os veja há décadas. Quero livrar-me da abundância de personagens ingleses. Porém, escolho apenas aqueles que considero especialmente característicos. Queria que juntos compusessem um retrato da Inglaterra, como ela era em meados deste século [XX].

Começo numa altura considerável, com Diana Spearman, outrora esposa de um deputado inglês do partido conservador de cuja carreira política ela, enquanto sua mulher, participou intensamente. Sobre a família *dele* não sei nada. Ele se separou de Diana e nunca o conheci. A mãe de Diana era uma Howard. Parecia ter saído de um retrato em miniatura elisabetano — um rosto contido, concentrado, menos marcado pelo espírito do que pelo poder, quer seja um poder que já se detém, como os modelos de alguns desses retratos, quer seja um poder que se *almeja*, como no caso de Diana. Vivia na Lord North Street, perto do parlamento, uma rua curta onde moravam quase que exclusivamente políticos. Dava *dinner parties* para um número reduzido de pessoas, seis ou oito, de maneira que se podia conversar bem e chegava-se a conhecer de verdade a maior parte dos convidados. Eram pessoas de destaque e de renome, na maioria das vezes políticos da ala conservadora, que gostavam de frequentar a casa dela enquanto ainda não estavam no poder, mas que também lhe permaneciam fiéis mais tarde, quando significavam mais na vida pública. Mesclados a estes, havia também escritores e homens de saber. Ela própria escrevia livros de conteúdo político ou literário, mas a literatura moderna em si era-lhe indiferente. Em contrapartida, era bem versada na literatura inglesa dos séculos XVIII e XIX, que é tão rica que seria possível tornar-se só por ela, sem qualquer acréscimo, um ser humano totalmente completo.

Mantinha-se um certo nível nos jantares de Diana. Falava-se apenas de assuntos e pessoas sobre as quais se sabia algo. Embora a maior parte, talvez a totalidade, daquilo que era dito nascesse de preconceitos, saía das bocas, no entanto, de uma forma que estimulava discussão e réplica. O mais importante era não se gabar.

Ninguém deixava transparecer que predominava. Mesmo o mais importante dos convidados respondia de maneira solícita a qualquer pergunta de um outro, talvez completamente desconhecido. Também se convidavam estrangeiros, mas com moderação. Costumavam ser estrangeiros famosos ou estrangeiros que algum dia decerto o seriam. Eram tratados com especial atenção por todos os convidados. Ninguém que sentava àquela mesa poderia suspeitar que os ingleses são, entre as nações cultivadas, os que mais profundamente rejeitam os estrangeiros.

   Muitos dos convidados, que se encontravam imersos em plena vida política, estavam bem informados sobre os acontecimentos internos. Mas ficavam à vontade, o tom que reinava era aberto. Talvez fosse possível ficar sabendo de muitas coisas, caso se tivesse esse objetivo; mas, apesar de ter sido convidado muitas vezes à casa de Diana, senti desconfiança apenas uma única vez, por parte de um de seus amigos mais antigos, Richard Law, mais conhecido como Dick Law, um dos "jovens" de Churchill, que naquele tempo, quando o conheci, era *Lord* Coleraine. Era uma época de forte tensão política, discutia-se frequentemente sobre assuntos internos, e minha presença era visivelmente incômoda para Richard Law, que interrompeu uma frase que tinha acabado de começar e olhou com ar duvidoso para mim, não faltou muito para ele perguntar à Diana quem diabos era eu. Mas não fez isso, só deixou transparecer que não queria muito se descuidar enquanto estivesse presente alguém de quem não sabia nada, alguém que ouvia tão intensamente. É provável que tenha sentido esta intensidade, era também a sua própria, com certeza era um político apaixonado, não uma daquelas figuras vulgares que se encontram às dúzias, e em todo caso não liso e acomodado como tantos outros. Não ocultei o interesse com que o seguia; ainda que tivesse uma opinião diferente em quase tudo, gostava dele, e aquilo que dizia soava-me verdadeiro (algo que em tais círculos não se pensa com tanta frequência). Se não fosse tão ridículo, era forçoso dizer: sempre fui um espião, um espião que persegue todas as variantes do ser humano, e quando uma variante era reconhecível com nitidez, devo ter ouvido com especial avidez. Mas para ele, para quem a política era princípio e fim de sua existência, tal intensidade de interesse só podia ser explicada como sendo aquela de um espião. Conheci muitas pessoas da vida pública na casa de Diana, passei mais do que uma noite em conversas de mesa, frequentemente com as mesmas pessoas. Mas só aquela vez senti desconfiança, sentimento para o qual, sendo eu próprio uma pessoa desconfiada, sou especialmente receptível. Law não se interessava minimamente pelas *minhas* opiniões; pudera, já que as julgava simuladas.

Deveria mencioná-los todos, os políticos do partido conservador que conheci ali. Havia um bom número de personagens entre eles. Mas o mais interessante, ou pelo menos quem chamava mais a atenção entre eles, era Enoch Powell.

Enoch Powell

Diana tinha me falado dele. Era membro do parlamento. Falava dele com especial orgulho, porque era um dos dois deputados do partido conservador que se podiam vangloriar de uma origem humilde. Num tempo em que Labour governava, isso era importante para os conservadores. Ingênuo e inexperiente em assuntos ingleses como eu era, imaginei duas pessoas oriundas de famílias de trabalhadores e, assim, fiquei muito surpreso quando conheci Enoch Powell na casa de Diana. Não era de forma alguma filho de trabalhador, antes de um professor, creio, mas o que primeiro chamava a atenção nele era que exaltava de um modo continental, dir-se-ia até à maneira da Europa central, a própria pessoa. Logo mencionou Dante e Nietzsche na conversa comigo. Citava Dante em italiano, e citava partes inteiras. Aquilo que mais o atraía em Dante era a clareza da parcialidade. A luta entre os cidadãos ainda significava algo, não se reduzira à mera troca de delicadezas. A civilidade do tom inglês, como era usual no parlamento, não lhe agradava. Nos tempos de Dante, era-se *banido*. Se o partido inimigo chegava ao poder, era preciso deixar a cidade e até o fim da vida não se podia voltar. O ódio contra o adversário era algo *ardente*. *A divina comédia* de Dante era repleta deste ódio. Ele próprio não perdoava nada e tampouco o esquecia. A grandeza de sua poesia, porém, devia-se justamente ao fato de ele não esquecer nada.

Eu o ouvia fascinado. Era um tom ao qual não estava acostumado nessa casa. Enoch Powell tinha fama de ser um orador apaixonado no parlamento e não menos apaixonado era aqui como convidado. Aqui também podia *mostrar* sem escrúpulos o quanto sabia, o que no parlamento ou na vida inglesa em geral era considerado inconveniente. De Dante saltou para Nietzsche, um modelo muito evidente. Era filólogo de línguas antigas, latinista e helenista de formação, e conhecia essas línguas tão bem que com 25 anos foi nomeado professor da Universidade de Sidney, na Austrália. Talvez já tivesse se iniciado naquela época seu profundo interesse por Nietzsche, que tão jovem quanto ele obteve sua nomeação em Basileia. Não pude perguntar a ele quando e por que razão começara sua dileção por Nietzsche, mas que ela fora intensa e não diminuíra era evidente. Lia-o em alemão e citava fragmentos inteiros, numa linguagem algo teatral, especialmente para mim, já que eu podia julgar quão excelente era o seu alemão, não menos excelente do que o seu italiano. Por causa dos outros convidados, fui educado o bastante para não começar uma conversa em alemão com ele. Ele gostaria de fazê-lo, lançou um olhar significativo à sua volta e suspirou. Nenhum dos convidados presentes naquela noite sabia alemão. Mas evidentemente era mais do que a língua que o atraía em Nietzsche, era a vontade de poder: dificilmente encontrei um antípoda tão completo de tudo que represento. Porém, não revelei minhas próprias opiniões. Vim a esta casa para experimentar a velha, a tradicional Inglaterra, não para sobressair, e aprendi ali qual é o feitio das pessoas que há muito tempo, talvez já há dois séculos, exercem o poder que durante algum tempo foi um poder mundial. Enoch Powell não era considerado típico. Era aplicado como um alemão e deixava que lhe incumbissem das tarefas mais difíceis. Falava algumas línguas modernas sem sotaque, aqui uma virtude rara, e, apesar do intenso amor pelo Império Britânico, não desprezava culturas brancas estrangeiras. Enquanto a maioria dos eruditos aqui se contentavam com analogias romanas, ele buscava seus fundamentos em Dante e em Nietzsche.

Era o tempo imediatamente após a abdicação de Churchill da Índia, e ouvi de Diana que Enoch, como ela o chamava, era um dos únicos parlamentares que nesta ocasião haviam votado *contra* Churchill. Ouvi que ele tinha vivido por muito tempo na Índia e que a conhecia bem. Na segunda ou terceira vez que o vi na casa de Diana, deixamos a recepção ao mesmo tempo. Na rua, o assunto da Índia veio à baila. As palavras em sua boca soavam dolorosas como um lamento por um morto próximo. Eu disse, talvez mais por curiosidade do que por compaixão: "A perda da Índia lhe afeta muito?" Ele parou no meio da rua e bateu com toda força reiteradas vezes contra o peito: "Dói, aqui dentro!" — "*It hurts, in here!*" Fiquei então realmente comovido. Sua irrupção, teatral para um inglês, era ainda assim verdadeira. Hesitou antes de seguir o caminho, gostaria de ter dito mais sobre o tema, mas no último instante deve ter se lembrado de que na verdade me conhecia muito pouco e que eu talvez não fosse a pessoa certa para compartilhar seus sentimentos mais profundos. Pois certamente se tratava do mais profundo nele. Foi este mais profundo que selou um pacto com sua ambição e fez dele, no decorrer dos anos subsequentes, partidário de uma política racista.

Na guerra, tornou-se brigadeiro no exército do deserto de Montgomery e destacou-se por uma série de bravuras. Na época também adquiriu diversos costumes que pertencem à essência do inglês superior, mas que, por sua origem humilde, não lhe podiam ser exatamente familiares. Uma vez falou comigo sobre um desses costumes importantes: a caça à raposa. Na edição inglesa de *Massa e poder*, que ele leu com o interesse profissional de um homem de poder ambicioso, deparou-se com as maltas. Entre elas, a malta de caça interessou-lhe especialmente, e ele me contou o quanto aprendera pelo exercício desse costume, durante a guerra, para a sua vida posterior na Inglaterra. Acredito que, por seu tempo na Índia, estava familiarizado com o significado das maltas de lamentação. Mas sobre isso não falamos em detalhe. Importante para ele, porque pertencia por assim dizer à sua caixa de ferramentas de político inglês conservador, era a caça à raposa.

Não muito depois veio um tempo em que seu discurso contra a imigração de pessoas de cor causou sensação na Inglaterra e fez dele o político mais popular do dia. Pintou acontecimentos terrificantes se não se pusesse um fim enérgico a essa imigração. Rios de sangue correriam — com isso arrebatou os corações; as espécies mais robustas de trabalhadores, dos quais o Labour costumava orgulhar-se, estivadores e carniceiros, marchavam aos milhares para a frente do parlamento, em manifestos a favor de Enoch Powell. Milhares e milhares de cartas de apoio eram enviadas à sua casa, contavam-nas apenas por sacos. Quando eu ia cortar o cabelo, aqui na Baker Street, o cabeleireiro, que eu conhecia havia anos, cumprimentava-me, totalmente contra a sua maneira de ser, aos brados: Enoch Powell, esse era o único político em que confiava, esse falava do fundo de sua alma. Fiquei fora de mim por causa dessa reviravolta dos assuntos públicos na Inglaterra. Neste caso particular conhecia a gênese de um demagogo que por muito tempo se nutrira de citações de Dante e Nietzsche.

Veronica Wedgwood

Conheci Veronica durante a guerra, por Friedl. Como leitora da editora Jonathan Cape, Veronica apoiara o romance de Friedl *Let thy Moon Arise* e foi visitá-la em Downshire Hill. Friedl contou de seu "professor", e sua maneira de falar, o absoluto em sua entrega a um professor impressionou muito Veronica. Talvez também quisesse conhecer o modelo para o romance de Friedl, que ela achava muito original. Arranjou *Auto-de-fé* no British Museum e, como falava bem alemão, pôs-se a ler. Desde então ficou obsessiva por Kien e seu destino. Talvez a obsessão de Friedl tenha passado para ela. Em todo caso, decidiu que *Auto-de-fé* tinha de sair em inglês e alugava com isso os ouvidos de Jonathan Cape, seu editor. Assim que convenceu a ele e às outras pessoas da editora, escreveu-me um carta em que me expôs de maneira muito honrosa a oferta da editora. Encontramo-nos no jardim da casa em Downshire Hill, número 35, na presença de Friedl.

Friedl era uma criatura inteligente e alegre. Seu sentido para tudo quanto era cômico era muito aguçado. Sempre havia algo para rir quando se estava com ela. Mas desta vez, em que juntava Veronica e seu professor, de quem sempre falara no mais elevado e mais sublime tom, reinava uma atmosfera quase solene. Veronica tinha cabelo escuro, era um tanto gordinha e atarracada, e de forma alguma como geralmente se imagina uma inglesa. Atribuía sua aparência a antepassados celtas. Compreendia muito depressa, guardava tudo, reagia na hora; numa Inglaterra onde há muitas pessoas sem temperamento, ela era certamente o contrário, uma pessoa com a qual era impossível se aborrecer. No entanto, nunca tinha certeza de seu efeito sobre outras pessoas e não sabia se era levada a sério. Por isso, segurança emocional a fascinava, gostaria de ter se subjugado, como Friedl, a um homem que era o seu modelo, mas não era bonita, o rosto saíra um tanto largo e achatado demais, o olhar suplicante, os movimentos sem graça, a voz, porém, era calorosa e rica em timbres. Ouvindo apenas a sua voz, sem a ver, teria sido fácil apaixonar-se por ela, e havia, como fiquei sabendo aos poucos, mais de um homem que sucumbira a sua voz, assim como a sua origem. Mas estes não eram homens do tipo que ela gostaria de ter chamado de seus, ela admirava grandes figuras históricas: William the Silent, Strafford, Monmouth, seguia-os aos seus campos de batalha, os quais explorava, lia as suas memórias e cartas e vivia, mais do que hoje é usual entre historiadores, a vida *deles*. Tinha um instinto para paixão e firmeza, e creio que foi isso que a impressionou mais profundamente quando viu Friedl e eu juntos pela primeira vez.

    Acostumara-me a uma maneira severa quando falava com Friedl. Queria que trabalhasse, achava-a muito talentosa. Ela era colossalmente preguiçosa e era uma obra de arte fazê-la trabalhar. Raramente a elogiava, só quando conseguia algo que realmente me impressionava. Ela sentia então a privação da minha natureza, que, entre todas as pessoas, eu só negava a ela, e hoje tenho certeza que ela me era grata pela escassez de elogios, pela eterna insatisfação, pela crítica, de que ela, a bem da verdade, *necessitava*.

Desolação nas festas

Em lugar algum me senti mais perdido e desolado do que em festas. As piores eram aquelas na casa de Veronica Wedgwood. Ali se tinha a sensação de que nada no mundo estava certo. Não é que se era tratado com ceticismo, era pior. Simplesmente não se existia. *Depois* de uma conversa não era diferente do que antes. Autoafirmação não fazia sentido, ninguém pressupunha que aquele que se queria afirmar existia. Quem já não era conhecido antes tampouco poderia ser depois. Conversas não mudavam nada. Seria imprudente chamar a troca de algumas frases de conversa, e o teor de uma conversa não importava, apenas a afirmação daquilo que não era dito. Tratava-se de proteção de propriedades, de não invadir a intimidade de ninguém. Os limites eram o mais importante e existiam para não serem transgredidos. Não sou capaz de dar uma ideia de uma festa na casa de Veronica. A insegurança dela própria contribuía para a insegurança do convidado. Éramos circundados de aparente benevolência, uma espécie de garantia que ninguém arrancaria um pedaço de carne do seu corpo. Via de regra não se sabia com quem se falava. Qualquer pergunta passaria por descortesia. Aos outros, àqueles já considerados amigos, podia-se perguntar tranquilamente. Havia uma diferença muito grande entre uma festa na casa de Veronica e uma na casa de Kathleen Raine, por exemplo. Nesta sempre se sentia ainda um resquício estudantil, um esperança de ascensão, até mesmo um quê de curiosidade. Ambas as anfitriãs dedicavam-me um especial afeto, por isso as ocasiões são perfeitamente comparáveis. Veronica, filha de muito boa família — os Wedgwood e os Darwin eram aparentados —, nascera indesejada. Sua mãe queria um filho, e em seu lugar veio essa menina. Na realidade, nem sequer queria ter dado à luz essa criança, não sentiu alegria na hora de seu nascimento e fez com que ela sentisse isso. Veronica não completara nove anos quando a mãe lhe participou seu desafeto. Por isso ela, que era bastante inteligente — tinha uma mente rápida e uma sensibilidade fora do comum —, nunca se sentiu realmente segura. Mesmo depois de ter se tornado uma historiadora famosa conservava algo de conjurador, de quase suplicante em sua voz. Uma vez, numa de suas recepções, ela acabara de cumprimentar-me, e caiu no chão na minha frente. Desabou tão *nitidamente* que a queda parecia de propósito, o que de forma alguma podia ser verdade. — Veronica era muito ambiciosa, mas se ela confiava em suas pretensões, no fundo de sua alma, não sei dizer até hoje.

No caso de Kathleen Raine, a determinação de subir na sociedade era *tudo*. Era possível pensar que ela não consistia em nada além disso, ainda que falasse sempre de alta poesia, de poesia sublime até, ou pelo menos de Jung. O papel da psicanálise de ambas as correntes na sociedade inglesa daquela época é algo que ainda precisa ser definindo de maneira exata. Seria pouco dizer que foi recebida de braços abertos, não, devoravam-na ou atiravam-se cegamente em seu regaço. Era uma subjugação tão absoluta, tão servil, como é possível apenas para uma raça senhoril inveterada. Eu me sentia um grosseirão quando falava alguma coisa contra ela. As pessoas relevavam minhas invectivas, porque me tinham por algo desse tipo. A única notícia sobre mim que se espalhava era que eu tinha um ouvido paciente e que ouvia por horas a fio a todas as pessoas que vinham se lamentar. Quem tratava o tempo de maneira tão perdulária, e ainda assim estava disposto a sempre reencontrar as pessoas quando estivessem assoladas por algo, passava por psicanalista, ainda mais se vinha de Viena.

Franz Steiner

Incessante movimentação dos olhos, mas sem que isso significasse algo, num rosto que quase não tinha testa.

Pouco corpo, ele era tão pequeno e franzino que quase desaparecia.

Depois a voz levemente lamentosa, nunca de todo livre desse tom, mesmo que, como entre nós acontecia com frequência, o assunto fosse totalmente outro, por exemplo de saber sério. Demorou um certo tempo até que eu me acostumasse a esse tom. Depois não reparei mais e só voltava a tomar consciência dele quando punha-o em presença de uma pessoa que ainda não o conhecia.

Porque aquilo que ele dizia era sempre claro e conciso. Tinha mais coisas para dizer do que a maioria das pessoas. Nunca deixava de ouvir o que alguém dizia e *refletia* sobre a resposta. Desordem no pensamento repugnava-lhe. Sua mente tinha sempre algo de examinadora, seus juízos eram confiáveis, mas era preciso se acostumar a seu ritmo, que parecia um tanto cadenciado e por isso dava a impressão de ser pouco espontâneo.

O que eu mais gostava era quando juntos dávamos ouvidos a um terceiro, a quem ele ou eu, cada um à sua maneira, fazia falar. Havia um lugar onde isso sempre acontecia e, já que ele me introduziu ali, quero contar algo a respeito — o Student Movement House.

Franz Steiner — há tanto para dizer sobre ele. Por onde começo?

Sua vida era determinada por sua estatura, não tinha nenhuma. Era pequeno e franzino, de sorte que quase não se podia percebê-lo. Especialmente feio era o seu rosto: testa baixa e recuada, olhos impotentes, sempre em movimento involuntário. A fala era chorosa, mesmo que não houvesse nada que lamentar. Pessoa alguma poderia parecer menos atraente do que ele.

Mas então se falava com ele, e Steiner, com seu modo moroso e aparentemente desprovido de paixão, tinha sempre algo a dizer. Era sempre claro e concreto e despido de qualquer retórica. O que dizia consistia em seu teor mesmo, e não em quaisquer meios de reprodução. Depois que alguém se acostumava com o tom levemente lamentoso e fazia vistas grossas ao que concernia o fenômeno (era impossível não ouvi-lo, por isso digo "fazer vistas grossas"), ouvia a segunda e não menos frequente pergunta, mais precisamente uma pergunta que era tão moderada que nem sequer preocupava-se em obter uma resposta. Era preciso conhecer um pouco a mente desse homem para saber que se tratava apenas de respostas colossais, tão raras que um homem razoável não as espera.

Impunemente se pode perguntar pelas leis. Seu teor é fixo e, no fim, para alguns não resta nada senão perguntar pelo teor exato das leis. E isso era realmente o caminho de Franz Steiner. Cada vez mais se decidiu pelo cumprimento fiel das leis de sua fé.

Mas nunca tentou convencer-me. Nunca ousou tocar na obsessão pela liberdade que me determinava. Ficava grato que eu, apesar da sua crescente limitação a uma crença historicamente determinada, levasse-o tão a sério na conversa como se fosse livre, tão livre como eu próprio devia me sentir.

De uma certa maneira, que nos anos mais tardios de nossa amizade ele nunca teria admitido, ele era e permaneceu sempre livre. Era livre nos mitos. Foi o único ser humano que conheci com quem podia falar de mitos. Não só conhecia muitos e sabia surpreender-me com alguns tanto quanto eu a ele: ele não os tocava, ele não os interpretava, ele não fazia nenhuma tentativa de ordená-los segundo princípios científicos, ele os deixava em paz. Nunca vieram a ser um simples meio para ele. Eram também a seus olhos o que de mais alto e mais precioso a humanidade conquistara. Podíamos falar durante dias sobre mitos, cada um

Franz Baermann Steiner

lembrava de novos, que oferecia ao outro, e esses mitos sempre haviam sido, na vida de um determinado grupo de seres humanos, o mais essencial, sempre haviam valido e exercido uma influência determinante. Nenhum dos dois, nem ele nem eu, teria ousado inventar algo nessas conversas.

Tratava-se de mitos transmitidos com precisão, segundo os quais seres humanos haviam ordenado a sua vida, nunca de sua ou minha invenção lúdica. A confiança que havia entre nós baseava-se no respeito pelos mitos, com os quais passávamos, cada um por si, boa parte de nosso tempo. Alguém poderia pensar que isso não é nada tão raro, deixando de observar que quase todos os conhecedores de mitos abusam deles para quaisquer fins ou para a afirmação de teorias e classificações.

Admiradores e contempladores inocentes de mitos são raros. Mesmo entre poetas, só conheci aqueles que o eram temporariamente, em geral para o apoio de uma obra em que estavam trabalhando.

Sua sensibilidade para tudo quanto é digno de ser vivido. Seu entendimento calmo e luminoso disso. Era algo inalcançável para ele, mas ele *sonhava* com isso. Sonhava com uma família, com mulher e filhos. Amava a irmã que perdeu cedo. Sua maior prova de confiança foi mostrar-me a fotografia dela. Todas as mulheres que mais tarde cortejou com indizível paciência pareciam-se com essa irmã. Por outras que poderia ter conquistado — apesar de sua feiura — sentia desprezo. Ficava irado quando as pessoas se esforçavam para ganhar sua simpatia ou cuidavam dele, e talvez nunca tenha se dado conta de que tinha algo de muito suplicante em seu ser. Na ideia que fazia de uma família era ele o *homem* e sua ira destinava-se a uma mulher que o queria adotar como filho. É preciso dizer algo sobre o seu aspecto físico para compreender por que nunca pôde alcançar algo tão comum como uma família.

Morreu quando uma mulher se tornou sua noiva. Foi a escritora inglesa Iris Murdoch, que o conheceu em Oxford e era intelectualmente dominada por ele. Ela lhe confiou o manuscrito de seu primeiro romance. Havia anos que ele sofria de um grave mal no coração e leu o manuscrito quando a doença o acometeu pela última vez. A última carta que me escreveu referia-se a esse romance: pediu-me encarecidamente, o que em outra circunstância nunca teria feito, que o lesse. Era *Under the Net*, e ele tem de ser considerado o verdadeiro descobridor de Iris Murdoch.

Ela se parecia com a irmã dele. Em seu leito de enfermo, pediu a ela que se tornasse a sua mulher. Ela aceitou e considerava-se noiva. O estado de seu coração deixava pouca esperança para ele. Mas é possível que a alegria sobre este noivado se tenha tornado o motivo de sua morte. De sorte que ele, que sempre foi infeliz, teria morrido em estado de felicidade.

Steiner era muito amigo da verdade e não lisonjeava nunca. Veza, que era uma lisonjeadora desenfreada, devia ter ares sinistros para ele.[12] Sua adoração pela beleza era tamanha que nada que dizia a uma mulher lhe parecia ser uma lisonja, sempre o tinha por verdadeiro.

A "Oração no jardim no aniversário de meu pai", que reli ontem — depois de quarenta anos —, comoveu-me profundamente. Foi escrita sob impressão de Jorge Manrique e nunca uma influência foi mais legítima.

Steiner realmente teria gostado de ir à Espanha comigo e, na verdade, esteve lá por mim.

Suas cartas da Espanha contêm o que de mais belo ele me escreveu.

---

12. No original: "Veza [...] muß ihm unheimlich gewesen sein." Vide notas 7 e 8, pp. 35 e 64. [N.T.]

Em nossas conversas sobre povos — havia muitos ditos primitivos entre eles —, a ênfase de minha fala recaía sobre os mitos, a da fala dele, também sobre a poesia precoce. Nas cartas, anotava com frequência poemas das tribos com as quais se ocupava no momento, não creio que anotasse também mitos, ou anotava-os mais raramente, o que é mais provável. Via em mim uma força no campo da atribuição de crédito pela qual me invejava. Não demorou muito e já não fazia cerimônia para me usar neste sentido. Como só fazia a corte seriamente — queria casar e constituir uma família, era aquilo que mais ansiava e que ansiava quase ininterruptamente —, não podia fazer pouco caso do fato de ter um intercessor que o estimava, que conhecia seu alto valor espiritual e sua confiabilidade e que podia falar disso para aqueles que o interessavam, com o fogo que ele não possuía.

Não sabia as coisas melhor do que as palavras as sabem e não tentava lançar sua mão constantemente por trás delas. De maneira que era livre da psicanálise. Podia examinar uma proposta baseada nela fria e criticamente sem sucumbir a ela. O exame era o seu ofício. Fazer poesia era para ele examinar palavras. Nunca lia sem anotar palavras de que gostava. O fato de fazer tais anotações em muitas línguas e também naquelas que abordava de fora, como antropólogo, não tirava às palavras alemãs, com as quais escrevia seus poemas, nada de sua validade. Era-lhe impossível desfigurar ou desperdiçar algo de valor, principalmente uma palavra. Falava devagar e com comedimento, sempre refletia sobre o que dizia. Ao ouvi-lo, nunca se estava perto de uma origem, mas sim de um resultado. Trabalho era para ele quase uma palavra solene. Armava-se para o trabalho, podia preparar-se durante dias para um trabalho. Sonhava com lugares e ambientes em que se podia trabalhar bem, sentia-os como — paisagens de trabalho, sem que dissesse isso de maneira tão pedestre e sem presumir da aplicação como virtude.

Leva-me muito a mal porque eu só respondia cada três ou quatro cartas. Uma correspondência regular custava-me. Cartas eram para mim erupções pelas quais tinha de esperar, que eu não queria forçar.

Sabia bem disso, como bom observador que era não lhe poderia ter escapado por muito tempo, mas como não só vivia em cartas e sim *queria* sempre algo, eu tratava de responder a qualquer capricho seu. Quando as reclamações não adiantavam, ameaçava com o rompimento das relações, mas como via que era inútil, sempre se contentava com a ameaça.

Quando vinha de Oxford para Londres, costumávamos nos encontrar, durante alguns anos, ainda durante a guerra, no Student Movement House, na Gower Street. Era um lugar de encontro para estudantes de qualquer proveniência, da África e da Índia, mas também dos domínios brancos. Imigrantes de todos os países europeus frequentavam a casa, e árabes, chineses e malaios. Era um clube sem preconceitos. A única condição para a admissão era um vínculo com a universidade. De maneira que se tratava preponderantemente de pessoas jovens, mas também tinha gente que já terminara os estudos havia muito e que gostava de ir lá. Podia-se começar uma conversa com qualquer um, as pessoas apresentavam-se, sentavam, conversavam e levantavam outra vez quando tinham vontade ou se sentiam atraídas por outros visitantes. Era o ambiente mais livre e desprovido de preconceitos que já conheci. Evidentemente os seres humanos continuavam a ser aqueles que sempre haviam sido, mas, durante as horas que passavam no clube, despojavam-se de seus preconceitos sem esforço e é inesquecível quão bem se sentiam ao fazê-lo.

Steiner, que chegara na Inglaterra alguns anos antes de mim, introduzira-me nesse clube. Para ele, como antropólogo, era um paraíso, e escolher esse lugar para as nossas conversas foi o mais belo presente que podia ter me dado. Quando seus compromissos permitiam, passávamos ali três ou quatro horas juntos, em conversa séria e sempre concentrada, interrompidos por encontros com os mais diversos seres humanos, que se aproximavam de nós ou que ele queria apresentar para mim. Há de imaginar-se o que significava que, falando sobre provérbios ashanti, ele pudesse me apresentar Kessi, que era considerado um príncipe ashanti. Não que então viéssemos a saber muito sobre esses provérbios, mas podíamos imaginar qual era o feitio dos lábios que os pronunciavam, e se não se tratava justamente de Kessi, com seu sorriso um tanto arrogante, mas de um outro estudante de Costa Dourada, tais provérbios eram recitados com complacência. Realmente confiáveis eram as grandiosas coleções dos pesquisadores ingleses.

Gostávamos de surpreender um ao outro com um livro que este estivesse procurando havia muito tempo, mas que ainda desconhecia. Aquilo virou uma competição, da qual já não queríamos prescindir. As livrarias à volta do British Museum eram inesgotáveis, e gastávamos à procura de livros antigos em segunda mão não menos tempo do que em nossas conversas. Entre todos esses dias de busca, veio aquele em que lhe pude mostrar *Specimens of Bushman Folklore*, de Bleek e Lloyd, uma das maravilhas da literatura mundial sem a qual já não queria seguir vivendo. Tinha acabado de achá-lo, antes do nosso encontro no clube, ele não queria acreditar no achado, estendi-lhe o livro, e ele virava as páginas com as mãos — literalmente — trêmulas e congratulava-me — ora, como se congratula alguém por um evento essencial da vida. Mas havia também momentos generosos em que um dava de presente ao outro algo de que encontrara, para além do próprio, um segundo exemplar.

Nossas conversas eram uma mescla excitante de livros do mundo inteiro, que carregávamos conosco, e de pessoas do mundo inteiro, que nos circundavam. Havia juristas, futuros políticos, linguistas, antropólogos, historiadores, filósofos, mais raramente também médicos. Ninguém impunha ao outro a própria área de especialidade, mas ficava-se tanto mais feliz se alguém fazia perguntas pormenorizadas a respeito dela. Nunca experimentei um convívio inteligente que fosse mais tolerante. Todos eram notados, mesmo a pessoa mais solitária e fechada despertava interesse. Quem normalmente temia os outros aqui baixava a guarda por uma curiosidade cheia de tato. Havia alguns, claro, que tinham a necessidade de sobressair, mas como havia tantos outros que concorriam com eles na mesma atitude, logo voltavam à clandestinidade ou desapareciam.

Do próprio Steiner há de ser dito que nesse lugar nunca estava de mau humor. Ele, que sofria tanto por não ter uma família e que sempre se queixava disso — aqui era senhor de si, inteligente, atento, tão cativado ou solicitado pelos outros que não se sentia mais infeliz do que outrem e não tinha pena de si.

Downshire Hill

Uma rua aconchegante [...] casas, que se estendia de Rosslyn Hill até lá em baixo na Hampstead Heath, não muito longa, mas alcançando pelo menos, do lado dos números ímpares, o 37, bem conservada, com apenas pouquíssimos edifícios de outrora em seu começo. Essas casas normalmente têm dois andares, raramente mais. Sua disposição em proporções simples e claras e a ausência de decorações supérfluas eram tão agradáveis que era gostoso flanar pela rua, mesmo que não se estivesse visitando ninguém que ali morava. O *down*, "baixo", no nome perto de *hill*, "colina", tinha um atrativo sonoro de que não se tinha consciência, mas que, na memória, ressoa tanto mais forte. Porém, era também uma rua que não só se destacava pela atração de suas casas. Ela tinha moradores interessantes. Alguns estavam ali o mesmo tempo que eu próprio conhecia o bairro de Hampstead, décadas, outros revezavam-se depois de alguns anos. Os jardins na frente das casas eram tão pequenos que não chamavam a atenção, mas se sabia bem que atrás de cada uma dessas casas havia um jardim alongado, cuidado com amor e esmero. Já um bom pedaço colina abaixo, iniciava uma rua curta que gozava de fama mundial entre pessoas de fala inglesa, Keats Grove, que tinha esse nome por causa do poeta John Keats, que vivera ali durante algum tempo na casa de Fanny Brawne e escrevera um dos poemas mais maravilhosos da língua inglesa em seu jardim: "Ode to a Nightingale". A casa funcionava agora como Museu Keats, e não foi tocada em sua decoração. Para lá iam, mesmo durante a guerra, visitantes do mundo todo e não se pode dizer que foram sempre os mais desagradáveis. Keats sofria de tuberculose e morreu muito jovem, poucos meses depois de deixar essa casa, em Roma, aos 25 anos.

É verdade que quase não se falava dele em Downshire Hill. Mas ele sempre esteve presente, mesmo no tempo da ditadura de Eliot, que desdenhava arrogantemente de toda poesia romântica, quase que com descaramento, e as palavras que disse a respeito de Blake jamais lhe serão perdoadas. Keats esteve presente como jovem deus enfermo que, com seus anos preciosos, era amado como um mortal.

Aos poucos, conheci muitas das casas e seus moradores, seja por visitar um pintor, um escultor, um colecionador, um escritor, seja por ter amigos próximos que se instalavam nessas casas. A casa mais importante durante a guerra foi para mim a de número 35, a penúltima da parte de baixo da rua. Friedl, minha aluna e jovem amiga, morava ali; a casa pertencia a sua prima Margaret, que durante a guerra só habitava seu lar de vez em quando e que temporariamente, especialmente em épocas de perigo, vivia nos Chilterns.

Keats House, Wentworth Place, Hampstead

O número 35 era a sede principal da modernidade. Margaret era uma colecionadora de arte abstrata, que naquela época ainda tinha o efeito do novo, nas galerias raramente se via outra coisa além de Gabo, Ben Nicholson e Barbara Hepworth. Era amiga dos três, considerada seu mecenas, o que ela realmente era, inabalavelmente, como tem de ser o mecenato, se quiser algum direito à existência, convicta também do valor crescente do colecionado, só se tratava de viver um tempo suficientemente largo, mas colecionando de forma alguma por esta razão. Margaret tinha um homem ilustre como pai, o mais importante egiptólogo de seu tempo, aluno ainda de Erman em Berlim, tão abastado que se podia dedicar a sua ciência sem aceitar uma cátedra. Um *gentleman* e homem do saber como ainda não eram raros na Inglaterra do século XIX, Darwin é o caso mais conhecido. Se o pai de Margaret, Alan Gardiner, não era professor em lugar algum, isso não impedia que mesmo assim ensinasse a antiga língua em toda parte segundo a sua *Egyptian Grammar*, que foi considerada, durante décadas, de longe a melhor gramática de qualquer língua, se ainda hoje tem este crédito, não posso dizer. O pai desse homem, que se podia permitir um *hobby* tão regozijador e bem-sucedido, adquirira uma grande fortuna com plantações de café (chá?) na África e mesmo a atividade viva de Margaret como mecenas remontava a esses sucessos materiais de seu avô. — Sua mãe Heiddi era de Viena, Friedl era sua sobrinha. Um toque finlandês transparecera nessa família já em Viena, Margaret como sua mãe tinham rostos finlandeses. Uma velha parenta delas, tradutora de Dante para a sua língua, ainda viveu até a idade avançada numa ilha finlandesa, uma espécie de mãe ancestral da erudição literária. Vi-a uma vez em Viena.

O número 35 não era apenas interessante por causa de sua coleção de quadros e esculturas. Muito mais excitante — pelo menos para mim — era a variedade dos moradores temporários.

Margaret colocava sua casa à disposição de muitas pessoas que passavam um tempo curto ou longo nela. Seria fácil escrever um livro sobre as pessoas encontradas ali. Se ela própria estava em casa, havia também convites para jantares, dos quais participavam de quatro a seis pessoas, na maioria das vezes convivas acostumados a falar em público, conhecedores de mérito em sua área, seja da ciência, da [...], de uma das artes, convivas dos quais se recebia muita informação. Eram muito frequentemente pessoas que pertenciam à esquerda, em todos os seus matizes, que lá falavam em favor de sua causa, que se encontravam, mesmo durante a guerra, muitas vezes em oposição ao governo, mas que sempre tinham a liberdade de exprimir sua opinião. Era isso que mais me espantava na Inglaterra do tempo da guerra. Desconfiava dos meus sentidos quando no parlamento, depois de um discurso magistral de Churchill, Aneurin Bevan se levantava e proferia um discurso, ardente em sua maliciosa eloquência, contra a guerra. No parlamento, todos eram intocáveis. No parlamento, qualquer um podia responder a tudo. No parlamento, uma única pessoa isolada podia, contra seiscentos, dizer tudo que lhe pesava na alma e as pessoas escutavam-na até o final. Minha admiração por esse sistema parlamentarista, num mundo em que naquela época líderes de todos os naipes ditavam a palavra, elevou-se para o incomensurável. Talvez por isso tenha tido, também no ano em que a Inglaterra estava só contra um Hitler inflado de vitórias, uma convicção quase que inabalável em um bom desfecho para a guerra; enquanto outros imigrantes, muitas vezes os mais inteligentes e firmes entre eles, temiam com boa razão por sua vida — uma invasão bem-sucedida de Hitler na Inglaterra e a ocupação do país teria forçosamente significado a morte para eles —, eu nunca me senti ameaçado por este destino na Inglaterra. Nas melhores condições anímicas — mas também nas piores condições materiais

— pude dedicar-me a meu trabalho, em que tratava, com minúcia e vagar, mas sem jamais abandonar a meta, da variedade das massas e das insídias do poder.

J. D. Bernal

O visitante encontrado com mais frequência era J. D. Bernal, o físico, cuja capacidade científica, conhecimentos universais e convicção política espantavam a todos. Era considerado um daqueles cientistas que, segundo um acordo generalizado, eram dignos de um Prêmio Nobel e que só por algum acaso ainda não tinham recebido este prêmio. Interessava-se por tudo, não só por sua área de especialidade ou outras ciências exatas. Era *Fellow* da Royal Society, a mais antiga e ainda a mais renomada corporação científica do mundo. Nesta Royal Society só havia dois membros do Partido Comunista, que na Inglaterra permanecera pequeno, ele era um deles e dedicava-se com afinco, além de todos os seus outros estudos, também a Marx. Inabalável em suas convicções, ainda assim não abdicara, como a maioria dos cientistas da União Soviética, de sua liberdade e não era obrigado ou até disposto a convergir com nenhuma opinião oficial, conservou sua abertura e avidez pelo saber em relação a tudo. Sempre estava disposto a um debate; quem quer que fosse que ele encontrasse naquela casa — encarava suas perguntas. Não só explicava — com a inteligibilidade pedagógica que distingue os cientistas ingleses — as coisas mais difíceis, mas também respondia perguntas com paciência e não se deixava levar pela impaciência ou pela irritação nem mesmo diante de pessoas estúpidas. O mais espantoso para mim era a completa falta de soberba, algo tão raro mesmo no caso de intelectuais ingleses muito tolerantes que no começo não queria acreditar nela, e colocava essa falta de soberba reiteradamente à prova. Uma dia tive uma conversa com ele sobre símbolos de massa, sobre símbolos de massa da nação até. Nada poderia ser mais contrário aos seus conhecimentos e convicções, alicerçados criticamente pelo experimento e pela matemática. Ele me ouviu calado, mas de forma alguma entediado. Eu não era para ele um ninguém, qualquer emigrante que viera de Viena, a quem talvez se concedesse por isso o direito a especulações psicológicas, mas que não tinha nada em comum com Freud e que muitas vezes até se voltava contra ele. Freud, porém, cujos livros e teorias Bernal conhecia bem (quase tão bem quanto as obras de Marx), gozava da mais alta reputação na Inglaterra. O que eu tinha para opor a ele? Nem mesmo um único livro psicológico, um romance que ainda não estava traduzido (era o tempo da guerra e a tradução inglesa de *Auto-de-fé* saiu só em 1946), mas ele me ouviu, fez perguntas inteligentes, não propriamente aniquiladoras, referiu-me esta ou aquela concepção de outros para compreender melhor a minha opinião, deixou que eu conservasse a minha dignidade, sem aceitar uma gota sequer daquilo que eu colocava. Depois dessa conversa, que durou nada menos do que uma hora e meia, eu não fiquei envergonhado, mas cheio de perguntas que eu próprio me colocava. Foi decerto apenas uma escaramuça, já que os meus pensamentos ainda estavam em fase de desenvolvimento, mas deixava tudo em aberto, incitava. Para os outros ele disse de mim, quase com respeito: "Este é ainda mais louco do que N. N." e chamou um outro "especulador" de louco, porque, a seu ver, uma maneira de pensar que partia de pressupostos completamente distintos dos seus era permitida. Tinha curiosidade em relação a qualquer manifestação espiritual que não se deixava desconcertar e se referia, quando outros malhavam sem piedade, a teorias abstrusas da história antiga da ciência, que hoje se consideravam disparatadas, ainda que proviessem de espíritos tão grandes como

Kepler e Newton. Com isso tocava conscientemente a arrogância estéril de senhores que sempre procediam pela via ortodoxa, mas que não haviam realizado rigorosamente nada.

Este homem era, como já disse, um reputado membro do Partido Comunista da Inglaterra, apoiava destemido a sua política e seguiu as suas mudanças. Há que se dizer que apenas uma parte de sua natureza se sujeitava à obediência e que muito dele permanecia livre dela.

"Tolerância" era uma virtude dos intelectuais ingleses. Pode-se realmente empregar a palavra "virtude". Era algo cultivado conscientemente, como certas coisas nas escolas filosóficas gregas ou romanas. Vinha acoplada a uma tendência à formulação precisa e inteligível. Todo "segredismo" era insuportável para pessoas desse feitio, mas o paradoxo, se seu cunho fosse suficientemente agudo, gozava de grande estima. G. B. Shaw, pelas introduções às suas peças, contribuiu bastante para esta forma de debate das coisas públicas. Encontrei naquela época cientistas cuja leitura preferida eram justamente estes "Prefaces" de Shaw. Mas também nessa tolerância havia uma inalienável soberba, para mim a característica mais marcante da classe alta inglesa. Bernal, que não tinha nenhum traço de soberba — o único, a propósito, entre todos que conheci —, atribuía o fato à sua origem irlandesa. Seu nome era espanhol e também para isso tinha uma explicação. No tempo da destruição da Armada por tempestades fortes, navios espanhóis foram arrastados para a costa irlandesa. Algumas centenas de espanhóis conseguiram salvar suas vidas, seus navios foram arrojados à terra, alguns *nadaram* até a praia; estes *ficaram* na Irlanda, mas conservaram seus nomes espanhóis. De uma dessas famílias — creio que do condado de Cork — descendia Desmond Bernal.

Geoffrey Pyke

Um homem, que Bernal considerava o maior gênio inventor daquele tempo na Inglaterra, veio através dele à casa de Downshire Hill, 35. Chamava-se Geoffrey Pyke e vivia além de todas as obrigações acadêmicas. Vinha de uma família abastada, perdeu sua fortuna e ganhou uma nova através de especulação, cujas chances matemáticas de sucesso ele calculava; tornou-se fundador e também patrocinador de uma escola em que as crianças eram educadas segundo princípios psicanalíticos, perdeu aí de novo o seu dinheiro, ganhou com engenhosa especulação mais uma fortuna, perdeu o dinheiro e então não o recuperou nunca mais. Tinha cem ideias para novas invenções em sua cabeça. Bernal era seu amigo e, quando Pyke o via, propunha-lhe novas invenções. Era o tempo em que *Lord* Mountbatten foi nomeado líder máximo dos preparativos para a invasão da França.

Bernal recomendou-lhe Geoffrey Pyke encarecidamente. Entre suas invenções, que nunca cessavam — tinha diariamente novas ideias —, certamente se acharia algo que poderia vir a ser útil para o grande plano da invasão. Mountbatten incorporou-o à sua equipe de conselheiros. Era uma relação singular, completamente desburocratizada, impensável em qualquer outro país em estado de guerra. Geoffrey Pyke morava num dos quartos da casa de Downshire Hill, 35. Era mobiliado de forma espartana. Uma cama, uma mesa, pouquíssimas cadeiras, nas paredes do quarto, em grandes pilhas, revistas científicas. Era nesse recinto que ele ficava sentado e lia, pensava, inventava. Era doentio e muitas vezes tinha de ficar deitado, com ou sem dores. Sua cara era quase sempre sombria. Era longa e escura, uma barba bem aparada não lhe tirava nada de sua beleza e dignidade, parecia que saíra de um ícone bizantino. Mas esta cabeça, alheia a qualquer pensamento religioso, estava sempre repleta de problemas físicos e matemáticos, era como se ele não interrompesse tais pensamentos em momento algum. Nem sequer a doença mudava isso. Se ele não podia ir até a repartição e tinha de ficar deitado, era visitado por Mountbatten, que sem o estímulo diário de sua conversa, assim diziam as pessoas, não se sentia bem. Em todo caso, vinha depois amiúde à casa, com um aspecto ruim, sem qualquer séquito. Supunha-se que no quarto de Pyke eram debatidas coisas fantásticas ou muito importantes, das quais evidentemente nunca se adivinhava o mínimo.

Só um tempo depois da guerra, soube-se da riqueza das ideias, algumas delas foram tomadas em consideração e parte delas logo descartada, mas havia também aquelas que foram aceitas e executadas. Uma das ideias de Pyke que, segundo diziam as pessoas, impressionou Churchill, foi a utilização de icebergs artificiais para os desembarques. Mas por fim não foi acatada. Nunca investiguei este assunto historicamente, apenas reproduzo o que se comentava de forma vaga.

Sempre que alguém chegava à casa, fazia uma curta visita a Geoffrey Pyke, que morou mais de um ano ali. Falava um inglês articulado e espirituoso, no qual regalava as pessoas com *insights* literários de cunho satírico-didático. Os "Prefaces" de Shaw eram a sua Bíblia, que gostava de citar. Do jeito que ele os empregava, pareciam inesgotáveis. Tinha as obras de Shaw em seu quarto, uma pequena biblioteca, e ainda que soubesse os "Prefaces" de cor, pegava vez por outra um volume da fileira e lia algumas frases em voz alta. Tendo em vista a sua memória, isso era supérfluo, mas como sempre gostava de coisas paradoxais, talvez fosse da opinião de que elas seriam mais facilmente aceitas se a sua fonte fosse assegurada. Sua voz tinha algo de mavioso — "mellifluous" é a [...] palavra inglesa —, um traço que só se chegava a notar quando citava Shaw. Era como se — de uma maneira distinta — fizesse propaganda do escritor, o que Shaw decerto não precisava, nessa época de sua maior fama. Só depois de algum tempo compreendi que essa atitude em sua conversação correspondia àquilo que propunha com suas invenções. Com os paradoxos de Shaw justificava a originalidade de suas próprias ideias.

Nada era forçoso para ele, nem se estava em via de se tornar conhecido, nem se era ainda procurado.

Era muito solitário. Nunca recebia visitas pessoais ou de familiares. Diziam que seu casamento fora infeliz. Nunca nenhum amante vinha vê-lo. Como nunca fora professor, não tinha discípulos. Tinha alguns contados amigos, como Bernal, que não falavam sobre a sua pessoa, mas que admiravam sobremaneira a sua mente. Eu tinha a impressão de que Bernal, o homem de reconhecida onisciência, colocava Pyke acima de si. Sabia-se o quanto fora pilhado nas épocas de sua riqueza. Fora tão generoso que dava tudo para qualquer empreendimento que lhe era intelectualmente plausível.

Friedl, que durante toda a guerra morou na casa, era uma presença agradável para Geoffrey Pyke. Ela era viva e alegre, em geral exuberante e, apesar desta natureza leve, fascinada por seres humanos. Gostava de envolvê-lo numa conversa, normalmente na soleira de seu quarto, quando fazia algo de comer para si, lá em baixo na cozinha, e perguntava-lhe se também queria algo. Na maioria das vezes, dizia que não, então tinha algo em sua cabeça e não queria ser importunado por nada. Mas também acontecia de ele não querer comer e ainda assim consentir uma conversa. Esta consistia então de um foguetório de pensamentos sobre Shaw ou de uma ideia de natureza parecida. Friedl ouvia, ele não se deixava interromper. Estava enfeitiçada por sua voz e ria de seus paradoxos. Sem que fosse dotada de qualquer saber mais sério, sempre sentia, mesmo assim, quando alguém tinha espírito ou era inventivo. Depois de dez minutos talvez, Pyke costumava cortar subitamente a conversa e ela se retirava da soleira. Nunca a convidou para entrar no quarto. Quando estava deitado, doente, deixava que alguém lhe levasse — muito pouca — comida. Mas sempre estabelecia um limite, como ela dizia. Sua desconfiança para com mulheres, depois das experiências terríveis de seu casamento, era intransponível. Tanto mais gostava da risada de Friedl e uma vez disse para ela — sinal de máxima confiança: "Você é como uma criança. Não dá para ficar zangado com você, mesmo quando você importuna."

Quando seu cargo de conselheiro chegou ao fim — a guerra estava ganha —, ficou de novo tão pobre que nem sequer podia pagar o aluguel do quarto. Era tão orgulhoso que nunca pedia nada a ninguém. Se alguém, que sabia de sua importância, colocava um quarto à sua disposição, sem mencionar qualquer palavra no que concernia às condições financeiras, ele aceitava. Mas não podia mudar para lugar algum sem levar as pilhas enormes de revistas científicas que compunham a sua biblioteca. Não havia tomos nela, apenas cadernos soltos.

Poucos anos depois do fim da guerra, perdi-o de vista. Depois ouvi com espanto que — completamente abandonado — cometera suicídio por causa da doença.

Freddie Uhlman

Um homem de estatura muito pequena, que deixou para trás os pais na Alemanha, e estes foram mortos. Originalmente era advogado em Stuttgart e defendia "esquerdistas". Assim se tornou cedo politicamente conhecido. Como estava em perigo, foi logo para Paris, decidiu virar pintor *naïf*, e deparou-se "por acaso", sem se dar conta, como ele disse, com Diana, filha de um pai arquiconservador, *Sir* Henry Page-Croft, que durante a Guerra Civil Espanhola defendeu Franco no parlamento inglês, enquanto a filha, no fim desta guerra, trabalhava em Paris para organizações de auxílio aos refugiados. Como refugiado, como pintor, fez a corte da novíssima Diana e, para a ira máxima de seu pai, ganhou a sua mão. Foi intimado para o escritório dele e interrogado de maneira pungente. Uma lista dos ancestrais foi-lhe apresentada, para afugentá-lo, mas ela não o desagradou. "Do you still want to mary my daughter?", foi a última pergunta. Fred Uhlman, ínfimo, mas pelo menos em pé, em todo seu tamanho, disse: "Yes, Sir", e mandaram-no sair. Freddie contava esta cena com frequência. Diana tinha a obstinação da família, e ainda que ameaçassem o corte de quaisquer recursos e depois a deserdação, manteve sua decisão. Queria continuar leal ao seu pintor e ajudá-lo a ter sucesso. Instalaram-se na bela e antiga casa dos Rossetti em Downshire Hill, onde William, o irmão de Dante Gabriel Rossetti, vivera no século passado. No último andar, viviam fugitivos da Alemanha, o mais conhecido deles era John Heartfield, que viveu ali durante a guerra toda.

Freddie era muito aplicado como pintor. Tinha um atelier de bom gosto para onde podia convidar as pessoas, um atelier em que, para além de seus quadros, havia sempre esculturas africanas melhores do que estes para ver. As pessoas gostavam de ir às festas de verão em seu jardim, onde se encontrava a elite intelectual de Hampstead e diversos emigrantes. Conversas inteiras eram mantidas, cada um procurava seu interlocutor. Muitas vezes Freddie cuidava disso, pois tinha um tino excelente para todas as áreas do apreço humano. Assim foi formando com obstinação uma reputação que era contrária à opinião de seu sogro, que o considerava um invasor e caçador de dotes. Assim também encontrou pessoas que se interessavam por seus quadros. O contato com Paris estava interrompido durante a guerra, antes dela as pessoas haviam se orientado exclusivamente pela capital francesa, mas agora nenhum dos pintores *naïfs* vivos — Vivin, Bombois — chegava. Freddie ambicionava tenazmente ocupar seu lugar em Londres.

Já antes da guerra, foi fundada uma liga cultural em Londres, para imigrantes dos países de língua alemã. Escritores, pintores e homens de saber participavam. Davam-se palestras, montavam-se exposições, convidavam-se poetas ingleses que se interessavam pela cultura moderna alemã (como Stephen Spender) para sessões de leitura. Fred Uhlman, como alma dessa liga cultural, seu secretário ou talvez até seu presidente (isso não sei mais), trabalhava incansavelmente. Oskar Kokoschka, que sempre participava de eventos públicos, estava em Londres e passava por uma espécie de presidente honorário, talvez até o fosse, em todo caso Freddie Uhlman ostentava seu nome como um grande cartaz.

Para Kokoschka aquele foi um tempo difícil. Ninguém o conhecia em Londres. O Expressionismo alemão não valia nada, tudo era norteado pela França e o grande tempo precoce de Kokoschka era insignificante. Sua pintura modificara-se muito desde aquele tempo primeiro de Viena, já em Dresden e depois nas viagens. Alguns consideravam seus retratos uma espécie de volta ao Impressionismo. Já na exposição para o seu quinquagésimo aniversário em Viena, no ano de 1937, teve uma série de retratos que lembravam o estilo de Liebermann. Qualquer que fosse a posição das pessoas com respeito a isso, ele era um grande pintor, o mais importante — não só entre os imigrantes — que vivia naquele tempo em Londres. Estava em Londres com Olda, sua mulher, que apesar dos golpes do destino continuava maravilhosamente ereta, sem quaisquer meios, e esperava conseguir encomendas de retratos. Houve surpreendentemente poucos que se interessassem por eles. A Inglaterra oficial ainda seguia em geral a tradicional pintura da Royal Academy, cujos grandes dias, das pinturas de paisagens de Constable e Turner, há muito já pertenciam ao passado. Uma vez que lograra o transplante da modernidade da França para a Inglaterra, esta modernidade ficou restrita a um círculo cultíssimo, mas pequeno, muito mais efetivo na literatura do que na pintura, que se ressentia dolorosamente do apartamento da França. Para pintores como Kokoschka não havia público algum e podia-se contar nos dedos de uma mão as encomendas de retratos que lhe foram feitas. De maneira que o seu nome, um nome de altíssimo prestígio, existia apenas para os imigrantes, enquanto Freddie Uhlman, com sua habilidade e seu jeito genuinamente ingleses, conseguia vender uma quantidade considerável de seus quadros. Passou um tempo até que Kokoschka percebesse que seu nome era apenas usado, e então se pronunciou a respeito à sua maneira, muito drasticamente.

Já que estamos falando de Kokoschka, seria com certeza mais acertado continuar com o assunto. Mas sou incapaz de abandonar o delicioso Freddie, tão pouco tempo depois de sua aparição. Ele é um tema inesgotável. Com sua sede de nobreza — a vida toda perseguiu fervorosamente tudo quanto era aristocrático, porém, o ambicionado também tinha de ser prático — ele finalmente conseguiu. Um conto sobre seu tempo de escola em Stuttgart, sobre um colega nobre que depois sacrificou a vida no golpe de julho[13], escrito em seu último ano de vida, foi publicado na América com um prefácio de Koestler e adaptado para o cinema depois da morte de Freddie. Ninguém pergunta de sua pintura, à qual dedicou cinquenta anos de sua vida, mas a pequena história que veio do seu âmago, quer dizer, a fascinação pela nobreza, é conhecida em toda parte. Foi assim durante toda sua imigração inglesa: o Croft Castle de seu cunhado Michael, a quem passara o título de Lorde, vindo de um primo sem filhos, o castelo que Freddie carregava consigo em incontáveis fotografias, de que se

---

13. Trata-se do atentado a Hitler, em 20 de julho de 1944, e da tentativa de tomada de poder pelo grupo de militares reunidos em torno de Claus Schenk, conde de Stauffenberg, não o golpe pelo qual os nacional-socialistas austríacos tentaram chegar ao poder, nos dias 25, 26 e 27 de julho de 1934. [N.T.]

orgulhava, que mostrava a todos — mesmo a desconhecidos se por acaso estivessem presentes —, mas onde só muito raramente podia colocar o pé, já que o forte acento suábio em seu inglês embaraçava cada vez mais o cunhado nas recepções depois da guerra; enfim, toda a sua diligente e incansável atividade foi em vão e Freddie acabou alcançando a fama que tanto buscara por meio de uma amizade juvenil com um colega de classe, cuja nobreza admirava e que depois, no tempo dos nazistas, o ignorou. Este colega de classe juntou-se aos conspiradores de julho e pagou por isso com sua vida.

Foi a história mais surpreendente que lhe aconteceu em sua longa vida. Não só os nazis perderam a guerra e as cidades alemãs, inclusive sua cidade natal, Stuttgart, jaziam em escombros, mas o colega de classe que mais profundamente lhe ferira pagou por isso com o sacrifício de sua vida.

Depois das incontáveis histórias que ouvi de Freddie Uhlman — ele nunca encontrava alguém sem imediatamente começar a contar uma —, todas as tentativas desesperadas, muitas vezes forçadas, de evidenciar-se como contador espirituoso e interessante deixavam no fim um sabor insosso, porque não importava o que fosse, sempre se sentia em tudo o seu ódio, ódio contra o ouvinte, mas ódio também contra todos que em qualquer perspectiva, mesmo a mais insignificante, tivessem uma sorte melhor do que a dele.

Ce poids! Ce poids!

Certo dia, fui para o Coffee Cup, um café em Hampstead aberto depois do fim da guerra. Freddie estava e convidou-me a sentar à sua mesa. Apresentou-me a um homem com uma cara um tanto abatida, marcada pelo tempo, como alguém que tivesse estado em muitas expedições. Era um *marchand* parisiense, considerado particular especialista em arte africana. Cruzara reiteradamente as copiosas partes ocidentais da África e trouxera muitas peças boas para Paris. Freddie adquirira dele diversas obras para a sua coleção. Admirava-o por sua competência e queria impressionar-me com ele. Fez-lhe perguntas para mim, por assim dizer, e fez com que contasse de maneira colorida e viva. O *marchand* era um homem forte, com ombros vigorosos e pesados, experimentado no mundo e astuto, e talvez, depois de todas as suas aventuras, tenha se tornado um tanto *blasé*. Falava francês em um tom não muito gabola, história depois de história, perigo depois de perigo. Sobre negócios era mais contido, como se não desejasse revelar nada do que era vantajoso para ele. Mas se queixava que as fontes não eram lá tão abundantes, *gente demais* tinha ido "às compras". Falamos então de pintores de Paris. Evidentemente de Picasso, ele o conhecia e admirava, mas disse que não foi a sua pintura em si que o cativou. Tinha algo de hercúleo em mente quando falava dele e disse reiteradamente, com os punhos erguidos acima dos ombros, como se levantasse algo com enorme esforço: "*Ce poids! Ce poids!*" — "Este peso! Este peso!" Sua cara transformava-se com esse gesto. Ele disse isso tantas vezes que tive tempo de me perguntar o que seria aquilo que Picasso tinha de carregar consigo. Então veio a solução da charada: "Milhões! Milhões! Milhões!" Isso ele repetia tantas vezes quantas dissera "*Ce poids!*", e eu continuava na mesma: Que milhões? Então se fez entender melhor. Picasso teria retido um sem-número de quadros que não queria vender. Estes se valorizavam constantemente e assim carregava uma fortuna enorme em seus ombros e reunia forças suficientes para isso, porque sabia que seriam cada vez mais valiosos. O peso crescia e crescia, e eu não posso mais pensar neste *marchand*, cujo nome vou omitir, de outra maneira senão levantando peso, com braços trêmulos e gotas de suor na cara.

Uma outra vez, Freddie falou de vivências durante a guerra. Fora internado, como muitos emigrantes alemães e austríacos, assim que a guerra estourara e vivera durante seis ou sete meses em um campo na Isle of Man. Já falara algumas vezes de pessoas renomadas que tinha conhecido ali. Era surpreendente o número de pessoas que se juntou naquele lugar. Um nome, porém, ele nunca tinha mencionado, e só quando, muitos anos depois da guerra, Kurt Schwitters ficou famoso e seus quadros subiram de preço, sacou-o da cartola. Estava perplexo com seu sucesso e mal podia suportá-lo. Disse e redisse que homem polêmico e indomável fora este Schwitters. Contou que costumava ficar totalmente quieto, apartado dos outros, sempre num canto a rabiscar algo. Não gostava de falar e de modo algum queria chamar a atenção. Aliás, só fora notado pelos outros porque se retraíra tanto. Não que fosse desagradável com os outros, ao contrário, era como que a personificação da gentileza, mas não aparentava nada e agora: estes preços! Estes preços! Quando o nome vinha à baila, sentia-se a autorreprovação de Freddie: por que não comprara nada dele?! Talvez Schwitters até lhe tivesse dado algo de presente e ele nunca fizera caso, mas isso já não posso dizer com certeza.

Henry Moore e Roland Penrose
Festa sob as bombas
Battle of Britain
Hampstead Heath

Numa casa situada um pouco acima na Downshire Hill, do outro lado da rua, viveu durante algum tempo antes da guerra Henry Moore. No jardim à frente da casa, havia uma escultura sua que provocava escândalo generalizado, mesmo nessa rua esclarecida e aberta à arte. Ele se mudara, e — já no começo da guerra — morava na casa Roland Penrose, conhecido por sua riqueza e por ser mecenas. Estivera muitas vezes em Paris e vivera entre os surrealistas, diziam que ele próprio pintava como se fosse um seguidor dessa corrente, mas nesse sentido era considerado totalmente insignificante. Foi um dos primeiros a comprar quadros deles, que agora podiam ser vistos em sua casa. Também conhecia bem Picasso, sobre quem escreveu — mais tarde — um livro. Vivia com uma antiga namorada sua, uma fotógrafa americana, Lee Miller, uma mulher muitíssimo loira, com cara escancarada, que dava a impressão de ser especialmente depravada, talvez nem o fosse, mas fazia de tudo para parecer.

Nessa casa presenciei uma festa sob bombas. Foi depois da Batalha da Inglaterra. Naqueles dias de setembro do ano 1940, via-se de Hampstead Heath, onde morávamos então, os combates entre aviões britânicos e alemães. Em pleno dia, olhava-se para o céu e seguiam-se os rastros dos aviões como um evento esportivo. Era tão excitante que só se pensava nos combates em si. Talvez se ficasse um tanto orgulhoso que os ingleses se saíssem tão bem, afinal acontecera Dunquerque. Aqui, porém, pairava no ar a impressão de que os alemães acertavam mais vezes do que os ingleses. As consequências desses combates preocupavam menos, não se podia saber quanto se dependia deles. Se naquela época se suspeitasse que, depois do resultado dessa batalha, Hitler abandonaria o plano de invadir a Inglaterra, a emoção teria sido outra. Estávamos fazendo uma visita a uma amiga que morava na *Vale* of Health, uma rua situada em pleno parque de Hampstead Heath. Das janelas de seu apartamento no último andar, dava para seguir o combate com extraordinária clareza. Era um dia muito bonito de outono, o céu aberto e de um azul benfazejo. Nele desenhavam-se, em nuvenzinhas brancas, as linhas em ziguezague dos aviões. Não tento relatar o que vi, mas sim reencontrar o sentimento que me dominava. Estava muito excitado — já disse, como em um evento esportivo —, mas tinha um sentimento de completa inocência, como se não estivessem em jogo morte e vida de seres humanos. Os aviões e os homens dentro deles tinham se tornado uma unidade. Se a aparência não fosse completamente diferente, poder-se-ia dizer que eram modernos centauros do céu. As linhas eram o mais importante [...] Desapareciam do campo de visão e no instante seguinte já estavam de volta. Acreditávamos que os reconhecíamos, o que a olho nu era praticamente impossível, e quando se aceitava que um deles havia sido abatido não se pensava em sua sorte, porque lá em cima as linhas brancas e as velocidades vertiginosas continuavam. A combinação de excitação e frieza durante essas horas é para mim, na rememoração dos fatos, o mais inconcebível.

Hampstead Church Row
O cemitério

Church Row era uma rua com casas do período Georgiano, do século XVIII. Com poucas exceções, a pequena rua permaneceu intacta. Dava na igreja paroquial de Hampstead, que fora reformada em 1745. O cemitério em torno da igreja era mais antigo. Havia algumas lápides do século XVII. Esses cemitérios antigos, que nunca são muito grandes, estão entre as coisas mais atraentes da paisagem inglesa. Encontram-se em vilarejos antigos, nos Chilterns por exemplo, onde a industrialização não destruiu tudo: Hampstead era um balneário ao norte de Londres, situado em uma colina, com uma fonte de água medicinal muito popular. No século XVIII era moda tomar da água de Hampstead, extraída ali. Muitos dos mais famosos escritores e pintores da Inglaterra se encontravam em Hampstead. Os pintores vinham por causa da paisagem de Hampstead Heath, um dos maiores pintores ingleses, John Constable, está sepultado no cemitério de Hampstead. Sua lápide é visitada por pessoas do mundo inteiro, alguns só entram nesse cemitério por sua causa. Eu também não lhe recusei a reverência, mas não era por sua causa que ia, durante todos os anos do meu tempo de Hampstead, a esse cemitério. Primeiro passava-se por alguns teixos, que têm o belo nome arcaico *yew tree* (de sua madeira extremamente dura eram talhados os arcos dos famosos arqueiros ingleses), para então se perder em meio às lápides eretas e cobertas de líquen. Eram de duro granito e haviam resistido bem ao tempo: as inscrições eram em geral ainda legíveis. As lápides não estavam dispostas na ordem triste e rígida que se conhece dos cemitérios mais novos. Já por sua posição, as pedras tinham algo pessoal. Algumas um pouco mais inclinadas já desde o princípio, outras, foi provavelmente a terra debaixo delas que se moveu. As leves diferenças nas camadas de húmus nessa colina contribuíam para a diversidade. Cada pedra adquiriu uma característica do tempo, pela época a que se reportava, pela posição, pela disposição em relação às veredas levemente sinuosas. Não havia curvas rígidas, nada que parecesse geométrico, ou talvez fosse uma geometria tumular completamente própria e inexplorada, mas uma geometria que hoje não podia ser desvendada por homem nenhum. Algo, no entanto, permanecia indefeso a todos os olhares: os números nas lápides. Às vezes, mas não frequentemente, estavam apagados; mudar, porém, não mudavam jamais. Eram, por assim dizer, a estrutura do cemitério, por eles vim a saber o que são cemitérios, e se alguma vez eu tiver talvez expressado-o de maneira demasiado determinada e sumária, quero agora, tarde e ante o próprio tempo de fechamento da porta, fazer uma correção. Sem dúvida, o visitante sentia-se superior ao dono do túmulo, uma superioridade do tamanho dos anos passados desde a colocação das lápides, como se o observador fosse tantos anos mais velho porque a pedra se oferecia à contemplação. Mas não era um sentimento *duro*, era também, se é que se pode chamar assim, um sentimento de paz, que se compartilhava com o dono do túmulo. Porque o fato de estar ali e de ponderar o tempo passado desde então era também em seu proveito: lia-se seu nome, talvez se o pronunciasse, não se sabia nada dele que fosse motivo para lhe guardar rancor, e ainda que não se sentisse propriamente gratidão, deixava-se, de maneira singela e natural, que ele participasse do tempo em que era contemplado. Isso pode parecer inconcebível, mas talvez explique o sentimento caloroso ao chegar a certas lápides e contemplá-las como um conhecido seu. Às vezes eu sentia, por mais inverossímil que possa parecer, algo como curiosidade sobre aquele de quem falava a inscrição. Por que viera outra vez, por que vinha de vez em quando por que parava frequentemente, mas não todas as vezes? Nomes e números ficaram gravados na mente e quem ousaria decidir quantas eram as pessoas que receberam determinado nome? Tenho todos esses nomes ainda na cabeça, seria disparatado mencionar tais nomes e seus números aqui, mas enquanto esqueci muitas coisas e esqueço cada vez mais — esses nomes permanecem em minha cabeça firmes como as pedras.

    Hampstead consiste para mim das pessoas que conheci ali, daqueles que em seu tempo de artistas ali foram famosos ou que hoje ainda o são em toda parte, e daqueles cujos nomes conheço dessas pedras.

    Era como a amortização de uma dívida que ninguém pode pagar quando vai para lá. Sentia-me livre de opressão e mais justo do que na vida cotidiana. Só mais tarde e muito raramente levei pessoas comigo, das quais gostava e para as quais queria mostrar um sentimento de que não podia prescindir. Quando eu ia sozinho, não havia tristeza em mim, mas, em sua inalterada realidade, a pergunta: como eles aceitaram aquilo que não tem solução e como nós próprios o aceitamos? São as pedras com inscrições o que nos mantém nessa pergunta? E se por acaso gostava das pedras porque os homens representados por elas já não estavam — isso também é um sentimento inexplicável? Não receio dizer tanto porque, como não achei a resposta, quero conservar a força da pergunta.

Festa na casa de Penrose
Os bombeiros

Mencionei Roland Penrose e sua namorada Lee Miller. Eram completamente orientados por Paris e representavam na arte o que estava na moda. Havia algo de mesquinho nele que talvez tivesse que ver com a sua origem puritana. Diziam que descendia de uma antiga família de quacres. Muitas dessas pessoas, pelas quais eu tinha o maior respeito também durante a guerra, revelavam uma obstinada dedicação à própria pessoa, mas o objeto dessa dedicação em seu caso era outro: na glória de Picasso, sua profissão de fé, desapareciam as pessoas que não tinham nada da potência radiante do pintor. Servia a ele comprando seus quadros. Já naquela época, não se tratava de arte rara, mas Penrose também servia aos surrealistas, cujos quadros comprava, e enquanto Londres esteve isolada de Paris, tornou-se uma espécie de seu centro inglês. Não sei qual era sua verdadeira posição frente à guerra, em sua forma de viver, exteriormente, parecia passar incólume por ela.

Quando a guerra-relâmpago começou no céu de Londres, alguns meses depois de Dunquerque, no momento mais perigoso da história inglesa, presenciei em sua casa uma festa que estaria diante dos meus olhos mesmo que ainda continuasse vivo quinhentos anos depois. Sua casa era mais alta do que a maioria na Downshire Hill. Tinha três andares, a maior parte das outras só dois. Era, porém, estreita como as demais. Em todos os andares havia no máximo um ou dois cômodos. Estava cheia de pessoas que bebiam e dançavam. Viam-se os convivas em pé, com os copos na mão, como era costume na Inglaterra, mas com rostos expressivos, o que era contra os costumes. Havia alguns jovens oficiais em uniforme entre eles, animados, quase que com alegria de viver, transbordando de frases ruidosas, que teriam sido *ouvidas* se não fossem engolidas pela música. As pessoas que dançavam, principalmente as mulheres, tinham algo de escancarado e desfrutavam os próprios movimentos assim como aqueles dos parceiros. O ambiente estava denso e quente e ninguém se importava com o fato de ouvir detonações de bombas, era uma reunião festiva destemida e muito viva. Eu tinha começado no último andar e mal dera crédito a meus olhos, desci até o segundo e acreditei ainda menos no que vi. Cada ambiente parecia mais fogoso do que aquele em que se estivera antes. Nos cômodos dos andares mais baixos, ficava-se um pouco mais apartado, havia pares sentados que se abraçavam, a música penetrava-nos quente de alto a baixo, todos se contentavam com abraços e beijos, nada dava impressão de ser lascivo; no *basement*, como se chamava na Inglaterra o subsolo, aconteceu o mais assombroso. A porta que dava para fora foi aberta bruscamente, homens com capacetes de bombeiros agarraram baldes com areia e, banhados em suor, levaram-nos com velocidade máxima à rua. Não prestaram atenção em nada do que viam no cômodo, em sua pressa de proteger as casas que ardiam em chamas na vizinhança, agarravam como cegos os baldes cheios de areia. Devia haver um sem-número deles, os pares, ali embaixo menos numerosos do que nos demais andares, continuaram abraçados, ninguém se levantou bruscamente, ninguém largou o parceiro, era como se a atividade ofegante e suada absolutamente não lhes dissesse respeito, duas espécies distintas de animais que se evitavam, assim parecia, mas essa aparência era enganosa, porque o corpo de bombeiros daquela noite era composto por voluntários da própria rua, entre eles um ou outro jovem poeta que eu jamais teria reconhecido em tais esforços físicos.

Há de ser dito que os ataques aéreos naquele tempo ainda não eram de forma alguma o mesmo que foram em períodos mais tardios (como aqueles a cidades alemãs que foram completamente aniquiladas). Era algo cujo terror, na verdade, consistia apenas no fato de ser um fenômeno ainda pouco conhecido.

Deixei a casa depois de talvez uma hora. Não estava nem com medo, nem indignado: é verdade que os pares de namorados inabaláveis ao lado dos bombeiros ofegantes me haviam envergonhado, mas estes não haviam demonstrado a mínima surpresa, precipitavam-se casa adentro e outra vez casa afora e procuravam não esbarrar um no outro, era tão importante para eles não estorvar como para os pares agarrados não se largar. Em ambos havia determinação, fiquei admirado com este autodomínio dos ingleses, que não se deixam transtornar por nada nem ninguém, envergonhei-me da minha vergonha e comecei a pensar sobre o que consistia na verdade o puritanismo dos ingleses, que eu sempre admirara e temera.

Na calçada oposta à casa dos Penrose, em diagonal, ficava o número 35, que continha a coleção geométrico-abstrata de Margaret Gardiner. As paredes de Robert Penrose abrigavam os surrealistas, sua antítese maior. Nem um nem outro mal-vistos ou oprimidos. Acima e na vizinhança a guerra, a Inglaterra à espera de uma invasão, pela primeira vez depois de novecentos anos. Nem o menor traço da tendência de render-se *antes* da invasão ou *por causa* da invasão, os imigrantes eram os únicos que esperavam o pior. Os próprios ingleses tão calmos que eu às vezes ficava atônito. Essa festa não foi a única vez em que tive motivo para assombro.

"The Freemasons Arms"
Friedl

Na extremidade inferior da Downshire Hill, em frente ao número 35, a casa que eu frequentava assiduamente, havia um [...] *pub*, relativamente espaçoso, no ambiente maior do fundo serviam almoço, no da frente era o bar, do lado de dentro as máquinas caça-níqueis de costume e outros passatempos, um terraço do lado de fora, onde, mesmo com tempo bom, não havia demasiado aperto, e logo um jardim de um bom tamanho. A certas horas, havia também pessoas em pé com copos na frente do *pub*, mas não parecia intrusivo, as coisas importantes aconteciam do lado de dentro, ali davam-se as famosas conversas em pé inglesas, que, no entanto, eram menos estereotipadas do que de costume, já que a população dessa região consistia, afinal, de artistas e intelectuais. Nesse *pub*, viam-se em geral pessoas que já eram conhecidas, poucos iniciantes, e se havia alguns, eram pelo menos iniciantes que já tinham seus patronos e que não ficavam ali completamente desamparados. Friedl e sua prima, a colecionadora Margaret Gardiner da casa em frente, frequentavam esse local assiduamente, muitas vezes apenas para uma passada rápida, mas se durante algum tempo não tivessem vontade de ir ao *pub* que ficava imediatamente em frente — para elas muito bem conhecido —, podiam mesmo assim *ver*, das janelas da casa número 35, quem entrava, quem saía, quem ficava algum tempo na frente do *pub*. Não havia outra via de acesso ao lugar, as pessoas do 35 tinham assim uma espécie de controle dele.

Às vezes, quando as visitava, Friedl e Margaret levavam-me para o outro lado da rua e mostravam-me esta ou aquela pessoa, conhecida ali desde tempos imemoriais, que desaparecera havia décadas e que ressurgira havia um ano. Em geral se tratava de pessoas relacionadas a alguém muito famoso, que o haviam descoberto, amado ou irritado. Um homem pequeno, já não muito novo e um pouco gordinho, com bochechas vermelhas e esperta cara de inocente, que tinha um olhar como se não soubesse contar até três, bebia muito e piscava os olhos como quem gosta de enganar os outros. Esteve ali repetidas vezes, antes da guerra, durante a guerra e por um tempo também depois dela. Era *Mr.* Roberts, que tempos atrás fora editor e fizera Joyce, com seu primeiro livro, as *Dubliners*, de gato e sapato durante anos. Aceitava e não aceitava a hoje famosa coletânea de contos, criticava nela isso e aquilo, cortava partes, dando depois a entender que as readmitiria, o que finalmente não fazia. Joyce falou sobre isso e os detalhes são conhecidos, mas não os recordo completamente. Imperdoável é o tamanho da decepção que Roberts causou a Joyce, o desgosto — talvez tenha sido esse o ferrão que afastou o escritor para sempre das Ilhas Britânicas, uma vez que deixara Dublim. Naquela tempo, ainda não era questão de alguém odiar aquele homem, era mais uma história curiosa que ele continuasse ali. Imagine-se como seria visto hoje, que Joyce está sendo estudado e decifrado até os mínimos detalhes. Enfim, ali estava ele, um homem ordinário e enfadonho, que mantinha conversas desinteressantes com as pessoas à sua esquerda e à sua direita. O que delas ouvi era para deixar de prestar atenção por uma vida toda, se não me tivessem dito: este é o homem a quem James Joyce odiou mais profundamente.

Mas que injusto mencionar, entre tantos, apenas ele, são incontáveis aqueles em que já não se pensa, por não queimarem no inferno particular de James Joyce.

A generosidade de Friedl
A blusa
Henri Smith

Friedl, que neste *pub* me instruía, tinha sobre todos algo a dizer, alguns eu já conhecia dos diários que ela mantinha para mim. As pessoas confiavam nela no ato, ninguém percebia como, com os seus olhos verdes, tomava posse de tudo e depois anotava o que vira em seu teor exato, tal como aprendera (comigo). Assim que um caderno estava preenchido, entregava-me os escritos, já como sinal de sua aplicação posta em dúvida. Mas ela também prosseguiu com esse exercício quando começou a se aventurar por seus romances, romances que iniciava em alemão e continuava, graças aos diários, em inglês.

Conheceu um número incontável de pessoas e era querida por todas. "Ici vient la jeunesse!", dizia-lhe admirado um pintor e esperto *marchand* belga, quando ela subia ou descia a Downshire Hill. Sua prima Margaret, muito mais velha, reconheceu rapidamente a vantagem do poder de atração de Friedl. Seus próprios atrativos começavam a fenecer e, fazendo questão de continuar atraente, logrou o feito pela presença de Friedl a seu lado. Assim, havia muitos convidados, sua casa sempre foi conhecida pelos artistas, e pela coleção, que respeitava estritamente a regra do abstrato e tinha um toque próprio, fascinante.

Mas Friedl, que não possuía nada, era, ao contrário de sua prima rica, de uma generosidade que não conhecia limites. No dia em que Henri Smith, uma poeta original, espirituosa e completamente desprovida de sentimentalismo, foi almoçar na casa de Margaret para conhecer Friedl, ela admirou a blusa branca de seda que a jovem estreava naquela ocasião e disse-lhe isso à sua maneira seca. Friedl pediu licença, deixou o cômodo e voltou poucos instantes depois, a blusa branca em sua mão, estendendo-a para ela: "It's yours" — "É sua", e isso soava tão natural como se de maneira alguma conviesse que ela ficasse com a blusa, se Henri Smith — arquétipo de feiura, uma velha solteirona inglesa — tinha gostado dela. Mas esta solteirona era uma poeta a quem a secura fazia bem, vinha do *nonsense verse* e justamente naquela época tornara-se famosa com razão. Profundamente impressionada por tanta generosidade, *ficou* com a blusa, que nunca teria ousado trajar, só para, ao vê-la, recordar o gesto reiteradamente, e falou em todos os lugares de Friedl. Quando olhava a blusa, *brotava* generosidade na inglesa, um sentimento de que normalmente, por causa de sua feiura, não seria capaz. Tinha então a sensação de estar *nadando* em generosidade e admirava Friedl, a água tão rica nesta virtude.

Fazia parte da generosidade de Friedl também a estupenda desordem em que vivia. Enquanto estava na casa de sua prima, o fato não dava demasiado na vista, os quadrados coloridos de Ben Nicholson, descendentes diretos de Mondrian, em quase todas as paredes da casa, produziam uma ficção de ordem. Contudo, assim que veio a morar sozinha, logo depois do fim da guerra, submergiu no caos de sua desordem — uma indescritível desintegração.

Oskar Kokoschka

O.K., assim o chamava sua mulher tcheca, Olda, uma pessoa alta e jovem, com bonita cara de cavalo, mas que também lembrava alguns rostos de Michelangelo. Oskar Kokoschka viveu durante os anos de guerra em Londres, praticamente ignorado pelo público inglês. Um homem silencioso, tão silencioso que muitas vezes quase não se podia entendê-lo. Seu alemão desde sempre marcado por Viena, apesar de todas as viagens impostas pelo destino, a entonação, quando compreensível, de uma fluida intensidade. Quando chegou a Londres não tinha ninguém ao seu lado, com exceção de Olda, que conhecera quando ela era uma criança de seis anos, na casa de seus pais em Praga. Por ela, ele se fez pequeno, como uma criança feito ela, foi ao seu encontro e disse: "Você é minha noiva. Um dia casaremos." A criança não esqueceu disso, cresceu, tornou-se estudante, e quando Kokoschka retornou a Praga — onde pintaria um retrato do presidente Masaryk —, vindo de Dresden, agora um imigrante, proscrito como pintor "degenerado", voltou a vê-la, ela então se uniu ao pintor e seguiu com ele para o exílio em Londres. Ali estava, a gigante esbelta, sempre preocupada com ele, sem jamais dar a mínima importância à própria pessoa. Ouvia-o com respeito, mas não submissão, quando falava aos convidados e acostumou-se com seu jeito arabesco de contar, que sempre consistia de parênteses e saltos e que de maneira caótica continha frequentemente comentários e observações muitíssimo originais. Certa vez presenciei de forma tão imediata o modo como surgiam nele ideias de mal-entendidos que menciono o episódio em toda sua trivialidade absurda. Um visitante — eu também estava presente, calado como na maioria das vezes em sua casa, pois não se podia conversar com ele, era ele quem dizia tudo e era demasiado difícil entendê-lo para que se pudesse retrucar com agilidade — um visitante, portanto, explicou-lhe, por que ele, o visitante, *fumava*. Não era o gosto a que estava entregue, tampouco ao toque com os lábios. Não, nada a não ser a alegria de ver dinheiro desfazendo-se em fumaça o fazia fumar. Kokoschka, que naquele momento estava ele próprio fumando, ficou perplexo, permaneceu um tempo um pouco maior do que de costume com o cigarro na boca, repousou-o entre os dedos, esfregou ligeiramente os lábios um contra o outro e disse: "Sim, estou sentido o frio." Entendera "frio", em vez de "dinheiro"[14], pusera imediatamente à prova a suposta afirmação do outro e ela lhe pareceu tão inesperada que a achou *correta*. Ora, o mal-entendido foi esclarecido logo em seguida, mas Kokoschka não gostou nada da explicação, entretanto sentira frio nos lábios ao inalar a fumaça do cigarro e era esta a experiência definitiva. De uma forma um pouco menos aguda, todas as conversas com ele eram assim: só ouvia de maneira que vinha a saber algo particular, que seus sentidos lhe transmitiam, algo de *senso-particular*[15], por assim dizer. Aquilo que se dizia a Kokoschka dava ou a sensação de não ser *nada*, de nem sequer ter sido ouvido, de jamais ser ouvido por alguém, ou a sensação era de que ele o sabia desde sempre ou acabara de aprendê-lo. Mas esta incessante assimilação do mundo exterior não era sempre inocente. Podia também estar a serviço de propósitos — o uso de pessoas para objetivos pessoais, intrigas e até cálculos —, mas era sempre um processo de um feitio tão singular quanto único, uma verdadeira teia de coisas aparentemente supérfluas, um tanto necessárias, que seria temeroso falar de uma atitude calculista.

Em suas falas em ziguezague havia sempre memórias entretecidas, da espécie das que um poeta tem, um pouco mais plásticas talvez, afeto e rancor, mágoa, orgulho da própria independência, uma influenciabilidade tão poderosa que afinal surgia dela uma desenfreada ininfluenciabilidade. Odiava todo o abstrato na arte.

---

14. *Geld*, "dinheiro", e *Kälte*, "frio", têm certa semelhança fonética em alemão. [N.T.]
15. No original: "Er hörte nur so, daß er etwas Eigentümliches erfuhr, das er von seinen Sinnen empfing, etwas *Eigensinnliches* möchte man sagen." O neologismo *eigensinnlich*, composto por *eigen* ("próprio") e *sinnlich*, ("sensual", "dos sentidos"), possibilita as leituras "próprio dos sentidos" e "dos próprios sentidos", mas alude também a *eigensinnig* ("egoísta", "egocêntrico", "teimoso", "obstinado", caprichoso"), combinação que é, a rigor, intraduzível. [N.T.]

Rejeitava o Cubismo, Picasso de um modo geral, que falara de forma desdenhosa de um de seus quadros numa exposição parisiense. Alguns contemporâneos de sua juventude em Viena ele tentava apagar da memória da humanidade. Schiele por si só não era nada, estivera no ateliê de Kokoschka e roubara-lhe aquilo que fizera depois. A. Loos *continuava* agradecido, seu nome tinha um som *seguro* na boca de Kokoschka, como se fosse uma incontestável moeda de ouro, mas sem nunca contar histórias exageradas ou demasiado íntimas sobre ele. Reconhecia-se sua gratidão principalmente pelo fato de que não o abandonava. Tampouco o usava para qualquer peça de intriga. Salvo neste caso, urdia todos com tudo. Podia num átimo criar um enredo com pessoas de que ouvira falar pela primeira vez momentos antes. Essas novas formações, porém, não eram estanques, continuavam a receber fios, e algumas delas se tornavam histórias preferidas, que ele repetia para todos.

No começo da guerra, quando o revi — dois ou três anos depois do primeiro encontro em Praga —, ainda não estava nem meia hora com ele quando atribuiu a si mesmo uma culpa que era escandalosa. Ele próprio era culpado da guerra, era culpado de que Hitler, que queria ser pintor, viesse a ser político. Ambos, Oskar Kokoschka e Hitler, haviam se candidatado à mesma bolsa da Academia de Viena. Kokoschka foi aceito, Hitler recusado. Se Hitler tivesse sido admitido no lugar de Kokoschka, jamais teria caído na política, não existiria o Partido Nacional-Socialista, não haveria guerra. Kokoschka era portanto culpado da guerra. Dizia isso de forma quase conjurante, com muito mais ênfase do que de costume, e também o repetiu diversas vezes na sequência da conversa, que finalmente tomara outros rumos; voltou mais uma vez ao assunto e eu tive a estranha impressão de que com isso se colocava no lugar de Hitler. Acontece que incontestavelmente não compartilhava nem a décima parte de qualquer opinião com Hitler. Com uma determinação que nunca diminuiu, ele era contra tudo aquilo que o alemão desencadeou, odiava qualquer racismo, abominava a guerra, e ficou profundamente magoado pelo fato de sua pintura ter sido proscrita como "degenerada". Mas não podia aceitar a hipótese de ter sido entretecido nas malhas da história da época sem *significar* algo nela, ainda que fosse apenas por *culpa*, uma culpa muito duvidosa. Além disso, queria influenciar aquilo que acontecia e tentava usar cada uma das poucas pessoas que conhecia naquele tempo para determinados fins, inclusive fins políticos.

Testemunhei um exemplo bem-humorado dessas maquinações de Kokoschka quando ele conheceu Veza. Não havia pintor que ela não impressionasse, era bela também na situação altamente deprimente em que vivíamos então. Kokoschka dirigiu-se logo a ela com a observação surpreendente de que toda e qualquer influência que se pudesse obter nesta guerra tinha de ser exercida, era importante, era uma obrigação. Fiquei perplexo com essa fala, não a entendi, e Veza muito menos, até que de repente ele mencionou o nome de Hore-Belisha.

Hore-Belisha foi um ministro de guerra inglês de curta duração — naquele momento ainda estava no cargo — que tinha um parentesco muito longínquo com Veza. O tio dele era casado com a prima de Veza, uma Veza mais jovem, que na família chamavam de "a Veza pequena". As duas Vezas nutriam um amor entusiasta uma pela outra e escreviam-se cartas desde pequenas. A Veza "grande" nunca conheceu Hore-Belisha, mas ouvia falar muito dele e me contava o que ouvia. Eu havia mencionado esta conjectura uma única vez, meses atrás, numa conversa na casa de Kokoschka, mas nunca repeti o dito e, na ocasião, afirmei categoricamente que Veza nunca vira o homem. Kokoschka fixou aquilo na memória e, quando a viu pela primeira vez, falou imediatamente do assunto a Veza, insistindo que ela devia exercer *influência* sobre o ministro, que devia *aconselhá-lo*, embora primeiro tivesse que conhecê-lo, isso era o mais importante no momento. Quando Veza finalmente se recompôs — teve tempo para isso, já que ele não falou de outra coisa e retomou o tema do dia em variações sempre renovadas —, disse: "Como poderia aconselhá-lo? Eu não entendo nada disso." Referia-se a material bélico e armamento e simplesmente queria dizer algo em seu embaraço. Seu desconcerto e sua decepção eram grandes, esperava muito de Kokoschka. Ouvira falar dele já em sua juventude precoce, quando os primeiros quadros do pintor provocaram escândalo e espanto em Viena. E agora ele falava sem parar desse ministro de guerra, um ministro que ela considerava insignificante e cujo nome ele, em seu mau inglês, pronunciava lentamente. Estava acostumada a ouvir elogios de pintores, deste pintor, o mais famoso de todos os que conhecera, não esperava nenhum, mas sim opiniões originais sobre quadros e poetas. Quando, a sua maneira fogosa, decidiu executar uma manobra de despistamento e perguntou por Peter Altenberg, Kokoschka piscou os olhos — era sua maneira de rejeitar algo, mas também podia piscar como sinal de incentivo —, lançou mais uma vez seu [...] olho de polvo em direção a Veza, devorou-a sem a notar realmente e disse pela última vez: "Não se esqueça o Hore-Belisha, isto é importante!"

Talvez tivesse gostado de pintá-la, só tinha encomendas de retrato muito esporádicas naquela época. Mas ainda que isso fosse verdade, o que realmente lhe importava era a perspectiva de influência nos círculos mais altos. Eu ainda tinha então, aos meus 34 anos, a propensão de tomar *a priori* os grandes artistas por santos, e por que deveria ser diferente com ele?

Mais tarde, Veza também o conheceu melhor. Uma outra relíquia de sua vida nos fora confiada por Anna Mahler, na época em que nos mudamos para o campo. Eram os famosos seis leques de cisne em pergaminho, que Kokoschka pintara para Alma Mahler e lhe dera de presente. Alma, quando da sua travessia rumo à América, deixara esses leques com sua filha em Londres; naquela época, ela tinha o pobre emigrante Kokoschka, que já no tempo da grande paixão dos dois se distinguia pela pobreza, em muito pouca consideração. Mas nunca se podia saber, os tempos mudavam e os leques talvez viessem um dia a ser valiosos. Portanto ficaram com Anna, que tinha verdadeiro respeito por grandes artistas e guardou-os com cuidado. Veio a guerra-relâmpago, as casas ardiam em chamas, os quadros queimavam, ela estava decidida a *ficar* em Londres, mas quando Veza, sua amiga de confiança, e eu mudamos para o campo, pediu que levássemos os leques e os guardássemos bem.

Morávamos já havia algumas semanas em Amersham, ou mais precisamente em Chesham Bois, quando Kokoschka soube que os seus leques, que ele não via havia mais de vinte anos, estavam conosco. Veio visitar-nos para rever e a hora que passou conosco, com os leques na mão, *contando*-os, foi a experiência mais perturbadora e comovente que jamais vivi com ele.

Estava sentado em um canto, Veza à direita e eu à esquerda dele. Pegou os leques um por um, na sequência, e, conjurando com palavras sua precoce representação gráfica e colorida, moveu-se de uma maneira que eu nunca vira em um ser humano. Tudo acontecia outra vez, ou (acontecia *realmente*), os acontecimentos pareciam-me mais reais do que nos leques (que Veza e eu sozinhos já contempláramos e admiráramos algumas vezes). Não retirou a dádiva dos leques com nenhuma palavra. Também não disse nada sobre o fato de que a mulher para quem haviam sido feitos não os levara, mas os deixara com a filha Gucki. Assim chamavam Anna Mahler em criança, quando ficava de cócoras no ateliê de Kokoschka e presenciava do princípio ao fim seus monstruosos ataques de ciúmes da mãe. Não deixava de ser natural que os leques estivessem com a filha. Ela era a *terceira* pessoa que outrora presenciou a maioria das crises e conservou uma aversão profunda a "cenas", as quais mais tarde provocaria também em sua própria vida, mas *indiferente*, não como sua mãe. Kokoschka não disse nada sobre ela, como era agora, seu trabalho não o interessava. Nunca a visitava, talvez não quisesse nunca ver os leques em sua casa, mesmo que viesse a saber que estavam com ela. Na nossa casa podia vê-los e entregar-se a sua comoção, que nós levávamos a sério e não apenas admirávamos. Naquela época, li muito sobre xamãs, em relatos principalmente do mundo siberiano. Quando fomos testemunhas das visões, de como elas surgiam dos seus leques diante dos nossos olhos, senti o que é de verdade um xamã. Toda esperteza necessária e também o instinto "político", que em Kokoschka era tão ativo, juntavam-se, e os contrastes de sua personalidade, que haviam me afetado e inquietado, pareciam-me de repente naturais.

    Mas agora, depois de tanto falar dos leques, eu também deveria descrevê-los. Abstenho-me, porque andam na boca de toda gente. Desde a exposição no Städel, dedicada a Kokoschka e sua boneca em tamanho real, também se fala deles em todos os jornais, há muitos retratos, qualquer um tem acesso a eles; quem estiver desassossegado a ponto de precisar vê-los pessoalmente pode viajar a Frankfurt e contemplá-los no Städel.

Iris Murdoch

Ontem, o volumoso livro filosófico de Iris Murdoch, seu nome em letras gigantescas na capa. Dediquei-lhe — infelizmente — algumas horas. Minha aversão cresceu tanto que tenho que dizer algumas coisas aqui.

Seu livro está muito mal escrito, com desleixo, como aulas que não foram suficientemente revisadas. O tom é dos mais desagradavelmente acadêmicos. Isto não seria tão grave se ela tivesse algo a dizer, mas tudo o que faz é citar centenas de trechos e afirmações de Wittgenstein, daquela maneira submissa que é própria do culto ao filósofo, principalmente em Oxford. A ele, soma-se agora o novo culto das últimas décadas: Derrida, muito antes foi Sartre, sobre quem ela escreveu um pequeno livro, seu primeiro. Freud, evidentemente, volta sempre, este se tornou o culto do século. Além dele, Heidegger, que no caso de Iris aos poucos substituiu Hegel. Do marxismo fala como se fosse algo de *antes* da sua vida, não de todo sem respeito, mas com indescritível desinteresse. Creio que não há nada que me deixe mais indiferente do que a mente dessa pessoa. Ela é *discípula* com paixão, dessas que adoram aprender sistemas. Parece reconhecer-se em sua coerção. Imediatamente depois já é a professora que *explica* esses sistemas. Nesta tarefa é importante que evite desfigurações. Portanto, reproduz tudo de forma extensa, o reproduzido não é falseado, quando ela fala dele, no pensamento, é tudo menos poeta, mas o novo sistema se soma a um outro sistema, assimilado igualmente sem deformações e conservado para sempre como uma espécie de matéria de aula. Está com mais de setenta anos e dispõe agora de um bom número de sistemas. Tudo isso é confrontado com a moral; Iris defende com paixão — se é que é permitido usar esta palavra para uma ciência de meia-tigela — a moral legada.

Mas ela também tem algo muito diferente a defender: os seus 24 romances, compostos de toda a falácia de Oxford que ela recolheu durante décadas, ou meio século. Seus personagens foram concebidos e nasceram todos em Oxford. Isso significa muita cultura, mas esta cultura tem, no caso dela, rostos. Foi apaixonada por incontáveis homens (sem falar das muitas mulheres), mas eram homens *especiais*, cada qual um especialista na sua área, com os quais ela se envolvia tenazmente. Havia de tudo: um teólogo, um economista, um especialista em história antiga, um crítico literário, um antropólogo, mas também um filósofo e um poeta.

O que conheço melhor é o seu relacionamento com o poeta, que sou eu mesmo. O crítico literário (e o historiador) é seu marido, John Bayley, com quem vive há quase quarenta anos. Com este tem intermináveis conversas sobre literatura, ele entende disso muito mais do que ela, suas opiniões são um tanto mais próprias e ele é menos caótico. Mas todos estes homens foram absorvidos por ela, são as suas *metamorfoses*. Das incessantes conversas que manteve com homens, surgiram seus personagens. As mulheres são ela própria, suas amigas e suas alunas, mas tudo tirado desse ar de Oxford, no qual ela se moveu e conservou, graças a sua disposição para amar, com surpreendente facilidade. Seria possível admirá-lo, mas não havia nada a ser conservado. Não há dela um único pensamento verdadeiramente sério, tudo continua a dormir. Lembra a facilidade de transformação no estado do *delirium tremens*, só que tudo é ordenado de uma maneira cuidadosamente inofensiva.

Os reais terrores ela esquiva. Estes só conhece da literatura. Ela guarda tudo o que *ouve* e, se o ouvido ainda não foi formulado enquanto filosofia, torna-se seu despojo anônimo. Eu poderia dizer que ela aproveitou bem os despojos que adquiriu comigo, mas estes se misturam com tantos *outros* despojos que dá vergonha: gera responsabilidades. A fácil inteligibilidade de seus romances, que muitas vezes são divertidos, deve-se ao fato de que nunca conta nada oralmente. Na oralidade é sovina, ou então prolixa professora de filosofia. Ela presta seu ouvido a tudo, vezes e mais vezes, o tempo que as pessoas conseguirem aguentar repetindo suas falas, ela se oferece, só para que possa ouvir por mais tempo; ouve *com calma* histórias, confissões, ideias e desesperos. Nessa atitude me parece uma dona de casa que vai às compras. Não esquece nada, os outros continuam a viver nela de uma maneira fácil e irresponsável, pois responsável é apenas a filosofia e muito particularmente a ética. A religião também a atrai, como aditivo, por assim dizer, jamais por desespero próprio, há aqueles que o fornecem. Simone Weil é citada com o mesmo respeito do que Wittgenstein e Platão.

Platão é o centro antigo de suas citações. Ele é claro. Por quê? Porque se expressa em forma de diálogos, o ar que ela respira para viver. Também ele se converteu em um de seus "incitadores". Nos últimos anos, ela escreveu diálogos platônicos.

Poder-se-ia chamar Iris Murdoch de ragu de Oxford. Tudo o que desprezo na vida inglesa criou raízes nela. Seria possível imaginar que ela fala sem parar, como uma tutora, e que não para de prestar o seu ouvido: no *pub*, na cama, em conversações com amantes do sexo masculino ou feminino.

Não assimila nem rejeita nada *inteiramente*, afinal de contas permanece tudo inacabado, inofensivo e tolerável (a palavra inglesa para suportável).

Sua relação com quadros: ela viaja muito e vai a museus, *irrita-se*, pois fala constantemente na frente de quadros, ou melhor: faz com que os outros falem.

Por sua origem, é muito pequeno-burguesa. Teve uma mãe irlandesa encantadora, que se parecia com sua irmã, mais bonita, cordial, divertida, e que era casada com um homem muito mais velho, um funcionário público, Civil era o seu nome, que só tinha olhos para livros, todas as horas de almoço, em vez de ir comer, ele passava nos sebos da Charing Cross Road, um homem alto, moreno, inglês, pensativo e extremamente atraente. Que deste casamento tenha surgido uma única criança, poderia ter significado muito. (Que esta criança viria a ser um sucesso antes ordinário, corrente, isso não era previsível.)

Minha característica principal, de longe a mais forte, insistente, que nunca cessou, foi a persistência na minha pessoa, não à custa dos outros, mas ainda assim: sempre esteve presente, por si só, de forma inabalável. Talvez isso também seja o meu mérito e reconheço bem essa característica, quando folheio este livro filosófico de Iris. A sério não o lerei nunca. Não posso mais levá-la a sério de uma maneira geral. Isso tem que ver com o fato de a ter conhecido tão bem. Eu sei como ela *surgiu*, ela *compilou-se* com rapidez vertiginosa ante os meus olhos, uma espécie de parasita completo de Oxford, cidade que já por si é uma — interessante — excrescência da humanidade. Iris: nunca conseguiu se livrar de Oxford. Sua vida passa-se em conversas como são típicas ali, quer ela ouça alguém, quer ela as escreva. — Proponho-me fazer por uma única vez o que ela faz *sempre*: quero descrevê-la, quero descrever Iris.

Iris Murdoch: sua maneira de ouvir chamou a minha atenção, quando a vi pela primeira vez na casa de Franz Steiner. Ouvia como um surdo, que não pode deixar escapar nada, para ouvir pelo menos *algo*. Seu rosto era flamengo, como num quadro precoce de Memling. Deformava-se com frequência e facilidade para uma expressão de choro, mas sem que corressem lágrimas. Imediatamente antes das lágrimas ela se detinha, a expressão de choro, porém, ainda permanecia por algum tempo. Eu lhe atribuía uma fidelidade muito mais profunda e duradoura do que ela sentia, porque depois da morte de Steiner, de que se sentia culpada, vinha frequentemente à minha casa para queixar-se de si mesma. Realmente chorava a morte de Steiner, mas ficava ao mesmo tempo atentíssima se eu tentava me aproximar dela pelo consolo.

Ela tinha que voltar para Oxford, ficou tarde, havia neblina, ofereci a ela que dormisse em casa. Podia *trancar-se* no quarto em que estávamos e eu dormiria em outro. Disse isso por *respeito* a seu

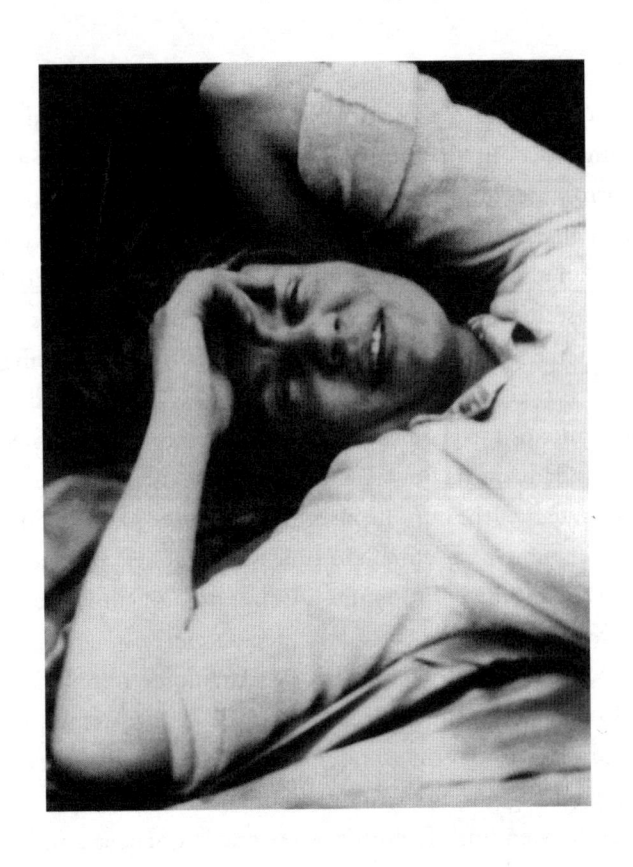

Iris Murdoch

luto, como ela falara horas e horas de Steiner, não devia pensar em momento algum que eu tentava me aproximar. Sua cara, durante aquele tempo todo deformada de choro, mas sem que chorasse, fez-me simpatizar com ela. Levei-a — por causa de sua dor — tão a serio que queria livrá-la de qualquer vislumbre de suspeita em rela-ção a mim. Ela me olhou com uma expressão incerta, achei que fosse dúvida, mas se tratava de decepção e surpresa. Não aceitou a oferta e voltou para Oxford, acompanhei-a até a estação Finchley Road, que era próxima, desci com ela os degraus até o metrô e deixei-a sentada em um banco, em sua mão o livro que lhe dera de presente poucos instantes antes: *The Lyrebird*, um relato sobre a ave-lira australiana, de uma mulher que na selva fizera amizade com um pássaro desses, ele vinha dançar e cantar para ela. Dei-lhe de presente esse livro encantador, que eu achara havia poucos dias, e ela entendeu o que significava, era uma espécie de batismo, pelo qual era admitida entre os poetas. Naquela época, ainda não havia nenhum livro seu (estávamos no começo de 1953; hoje, só de romances publicou 24). Deixei-a ali na neblina, esperando seu trem, nossa relação então ainda não era suficientemente estreita para que eu pudesse ter esperado com ela na neblina. Desapareci escada acima, a neblina era muito densa, olhei para trás e não vi nada, a neblina engolira-a, pensei em seu contorcido pela dor e fiquei preocupado com ela, dei meia volta, desci a escada outra vez e parei de repente à sua frente; ela estava sentada no banco e folheava feliz o livro que eu lhe dera de presente. A cara de luto transformara-se numa cara de felicidade, com um leve verniz de admiração sobre esse livro. Qual seria o poeta que não se admiraria com esse pássaro que era um poeta.

Naquele momento senti pela primeira vez que o luto não era tudo nela, que eu conseguira redimi-la da culpa dolorosa. Para isso viera, para isso eu a recebera. Parecia-me que diminuir a dor que ela sentia por Steiner era um *dívida* que eu tinha com ele.

O trem veio, ela se levantou, e no instante seguinte já partira na neblina, duplamente desaparecida. Voltei para o apartamento próximo algo confuso, mas contente, contente, pensei, por sua cara feliz quando contemplou o livro.

Iris voltou durante aquele inverno, continuou falando sobre Steiner e então nos beijamos. Não sei quando aconteceu exatamente, mas aconteceu muito rápido, e era o rosto contorcido pela dor que eu conhecia. Há de ser dito que na Inglaterra não é comum mostrar a dor publicamente. Nas pessoas razoavelmente bem educadas, a cara permanece sempre imóvel e não se percebe que qualquer coisa sucede no ser humano debaixo dela.

Mas o estranho aconteceu depois que nos beijamos. O sofá em que eu sempre dormia estava próximo. Iris, sem que eu tivesse posto a mão nela, despiu-se rapidamente por sua conta, rápida como um raio, pode-se dizer. Vestia roupas que nem de longe tinham algo que ver com amor, coisas de lã, deselegantes, mas tudo estava tão rapidamente amarrotado e amontoado no chão, e ela já se estirara debaixo da coberta no sofá. Não houve tempo de contemplar as suas coisas ou ela própria. Jazia impassível e inalterável, quase não percebi que a penetrei, não senti que ela percebeu algo, talvez tivesse sentido um pouco mais se ela tivesse mostrado alguma resistência. Mas isso era tão fora de questão quanto o prazer. A única coisa que percebi foi que seus olhos se tingiram mais escuros e que sua pele flamenga avermelhada ficou um pouco mais avermelhada.

Mas imediatamente depois que tudo aconteceu, e ainda deitada de costas, ela se animou e começou a falar. Estava enredada em um sonho estranho: via-se deitada comigo em uma caverna, eu, um pirata, a teria raptado e levado para a caverna, lá então a teria jogado no chão e violado. Senti quão feliz ela estava com essa história não propriamente extraordinária, ficou muito mais vermelha ainda e tinha a pele quente. Queria ver-me como *ladrão* que a forçava brutalmente para o amor, só ficou excitada quando pôde imaginar o pirata oriental. Tentei dizer para mim mesmo que fora o relato sobre a minha infância nos Bálcãs ainda turcos que lhe tinha inspirado esta imaginação de um assalto por um pirata.

Não deixei que ela percebesse o quanto estava me divertindo à custa da situação. Qualquer caminho para o amor ficou para mim barrado por este seu sonho. Seria impossível imaginar algo mais fora de questão para mim. Tratando-se de algo completamente diferente, eu talvez pudesse, apesar de tudo, ter encontrado o caminho do amor com ela.

Assim, porém, ficou sendo uma história embaraçosamente unilateral, que eu aceitava contra a minha inclinação e observava indiferente. Recebi cartas suas, muito veementes, que jamais respondi. (Ela vinha de tempos em tempos à minha casa e esperava — sem muitas cerimônias — o amor, mas sempre permanecia impassível e depois se franqueava a sua fantasia.) Um dia esta sucedeu em forma de um poema muito longo que ela imediatamente me pôs no papel, não tinha minimamente que ver comigo, embora tenha sido pensado — digo isso ainda admirado e decerto sem orgulho — como poema de amor para mim. Mas seus inevitáveis sonhos não tinham nenhuma peculiaridade, ela apenas manifestava com eles — o que só compreendi muito mais tarde — que ela própria se queria ver como pirata. Ela tinha — velada — uma natureza rapace e buscava roubar de cada um de seus amantes antes o espírito do que o coração.

Surpreendente era também sua relação com o tempo. Tinha tudo repartido, como um professor o seu horário. Quando ligava, dizia logo que chegaria às 3h15 e que às 4h15 tinha de ir outra vez. O encontro também podia durar um pouco mais, mas era estabelecido, sempre determinava antes a quantidade de tempo que pensava despender e, ainda que se tratasse daquilo que ela tinha por amor, nunca se permitiria despender mais do que o tempo premeditado. Eu a fazia sentir o meu escárnio sobre o fato, mas, apesar de prestar atenção em cada sílaba que vinha de mim, ela nunca parecia perceber o meu desprezo por este amor-horário. Isso durou — com intervalos cada vez maiores — cerca de dois anos. Um dia me convidou para ir a Oxford e esperou por mim em frente à estação. Trajava sandálias monstruosas que realçavam negativamente seus pés grandes e chatos. Não podia deixar de notar quão feios eram os seus pés. Ela tinha o andar de um urso, mas de um urso repugnante, que caminhava tortuoso, mas firmemente decidido, na direção de algo. O tronco era de proporções finas e agradáveis, o rosto em alguns momentos — entre eles os do amor — tão bonito quanto o de uma Madonna de Memling. Caminhou comigo, empurrando uma bicicleta com a mão, da estação à cidade, comprou numa loja fuleira algo mísero para o almoço — pedaços de queijo, pão, nem sequer azeitonas — e serviu-me o que comprara no pequeno apartamento em que estava hospedada. É difícil de imaginar algo menos hospitaleiro, mais feiamente puritano e sem gosto do que uma refeição assim. O que devia parecer o hábito frugal de um jovem homem do saber era na verdade pequeno-burguês e mesquinho, o gesto acolhedor de uma mulher que convida para uma refeição faltava-lhe completamente.

Depois deixou claro que o sofá estava por perto e deitou-se nele sem muita cerimônia. Por sua inospitalidade eu sentia frio, por seu amor nunca, porque não era amor, era um acontecimento indiferente que tinha um significado inconcebível para ela. Talvez mesmo em Oxford eu fosse ainda um pirata.

Ela preferia vir para Londres, já que em Oxford, onde todos a conheciam e onde havia muitas inimizades e amizades complicadas, era muitas vezes difícil para ela. Eu gostava de Oxford. Conhecera-a com Friedl, que já não estava viva, e daquele tempo conservava um sentimento caloroso pela cidade. Iris conhecia os livros de Friedl e gostava deles. Como lhe contava muito, de maneira aberta e sem reservas — ela na maioria das vezes calava e ouvia com avidez —, ficou comovida por meu luto por Friedl. Do luto de ambos — o dela por Franz Steiner, o meu por Friedl — nascera essa relação.

(Só esta única vez me aconteceu na minha vida estar com uma mulher que de forma alguma me cativava em questões de amor.) Iris aceitou durante muito tempo que eu não respondesse às suas cartas. Mas quando ela vinha, eu contava em excitação apaixonada de Veza, de Friedl, de outras, de uma série de coisas. Como ouvinte eu *gostava* de Iris. Eu sentia quão bem ela ouvia e pensava também que era por causa disso que ela vinha à minha casa. Não havia nada que me coagisse mais à companhia de determinadas pessoas do que seu desejo de ouvir-me. Esse desejo era, no caso de Iris, uma paixão. Por isso gostava dela. Falei para ela também das coisas que me comoviam fortemente, e ela assimilava tudo, de maneira quase tão intensa quanto Friedl, ainda que não com a mesma desesperança, pois ouvia a *muitos* da mesma maneira (e entregava-se a eles para fazê-los falar). Era tão insaciável nisso que se emaranhava em casos difíceis e complicados. Eu sentia logo se um nome era importante para ela. Primeiro falara — curiosidade — de pessoas que *haviam sido* importantes para ela, mas depois revelou também aquelas que ela acreditava possuir por completo justamente naquele momento e que reagiam às suas escapadas com um ciúme que lhes parecia legítimo. Na realidade tudo eram escapadas, nenhum deles existia *sozinho*: talvez antigamente, mas mesmo isso não creio que seja muito provável. Sua sede de saber era grande, os amigos que tinha em Oxford eram em sua maior parte especialistas de algo, havia entre eles alguns muito bons, dos quais ela aprendia tudo o que era possível aprender no decorrer de um relacionamento amoroso. Não renunciava a ninguém por outra pessoa e meteu-se com isso nos maiores apuros. Era-lhe impossível *abdicar* de algo. Meteu-se em redutos de mulheres que acreditavam ter direitos sobre os homens com que eram casadas e que enfrentavam Iris com implacável sentimento de posse ou maldade elementar. Isso levou a terríveis vexames, que ela nunca esqueceu e sobre os quais tampouco falava. Mas havia bairros inteiros de Londres dos quais se sentia *banida* pela mulher de um de seus amantes. Nesses casos era necessário que um novo e importante amante reavivasse o lugar, antes que ela se permitisse algo como o livre trânsito nele.

Depois desta enumeração ou menção de atributos não muito atraentes, é nada mais do que justo dizer que Iris era à sua maneira muito grata àqueles cujo espírito roubava e que ela não esquecia, mesmo no decorrer de muitos anos, ninguém que algum dia lhe houvesse feito bem. Foi nela que conheci pela primeira vez essa afeição a *muitos*, na verdade incontáveis, que pode ser tão permanente quanto os laços de um casamento por amor. Em seus sentimentos *para com todos*, Iris era uma poeta. Não esquecia ninguém que ela pensava haver compreendido e, mesmo depois de quarenta anos, não se esquecia de falar, sem mentir no fundo, de alguém como Franz Steiner por exemplo, como se tivesse sido o único, o grande amor de sua vida.

Continuo aqui o que, há alguns dias, coloquei no papel sobre Iris Murdoch. Não que ainda me interessasse, mas talvez devesse, ainda assim, terminá-lo — provisoriamente.

Considero Iris uma poeta por assim dizer "ilegítima". Nunca sofreu por ter que escrever. Conservou algo de escolar mesmo depois de 24 romances, e se não escolar, professoral, o que é ainda mais desagradável no caso de um poeta.

Penso no tempo com Friedl, quando assumi o papel de professor. Fui severo com Friedl, durante o tempo "propriamente dito" não lhe escrevi cartas que fossem realmente cartas. Evitei qualquer "equiparação". Ela queria ser aluna. O que ela escrevia — não importa o que eu pensaria a respeito hoje, há décadas que não leio os seus textos — era verdadeiro visto que se deixava ir à deriva e não se precavia de consequências nefastas.

Iris sempre considerou tudo que era bom para ela. Apesar de todo o desregramento, de todo o caos de sua vida, nunca poderia ter se perdido realmente. Permaneceu preservada pela academia. Estava imbuída das instituições das velhas universidades inglesas, especialmente de Oxford. Explorou todas as pessoas que lhe eram acessíveis *dentro* dessa instituição, e todas fora, enquanto não havia o perigo de ser por elas *arrancada* de lá. Pensando agora, sempre foi calculista. Há um exemplo disso que outrora me irritou, há quase quarenta anos. Eu lhe contava sem reservas. Ela ficava sabendo de todas as pessoas que eu conhecia e também de muitas daquelas que eu *conhecera*. É verdade, ela prestava atenção em *tudo*. Queria ouvir todas as minhas histórias, não só aquelas sobre pessoas que estavam naquele momento presentes em minha vida. Mas eu não estava consciente (então) da maneira como ela me ouvia falar sobre as minhas amizades atuais.

Naquela época, eu via Aymer com frequência. Realmente ele me interessava. Nunca conhecera tão bem alguém que apenas se interessava por gente jovem (além do meu irmão). Ele pertencia ao mais alto círculo social, que eu só vim a conhecer mais de perto a partir da convivência com ele em Londres. Sua mãe era filha de um conde de Northumberland, uma das chamadas "Percy". Eu zombava da importância que esse parentesco tinha para muitos (Kathleen Raine). Ela se esforçava da maneira mais obstinada para ganhar a simpatia de Gavin, o irmão de Aymer, que não era menos homossexual do que ele. Mas Kathleen não se envergonhava minimamente de deixar transparecer a sua ânsia "social", o seu esnobismo. Admirava pessoas por serem Percys. Ela tinha um indizível, na verdade, até um abominável desprezo por pessoas de sua própria origem (ou melhor: da origem de seu pai).

De Iris eu sabia que fora (por muito tempo) comunista; depois da guerra, quando já se podia viajar para o continente, fizera coisas que tinham caráter *conspiratório* (eu não sabia exatamente o quê). Se eu (portanto) lhe contava de Aymer, não supunha em momento algum que uma companhia dessa origem pudesse seriamente ter importância para ela (de alguma maneira parecia — pelo meu relato — mostrar algum interesse e) deve ter feito, discretamente, com que eu notasse a sua vontade de conhecê-lo. Acabara de ficar conhecida pela publicação de seu primeiro romance (*Under the Net*) e Aymer era curioso no que dizia respeito a literatos. Certo dia devíamos jantar em Hampton Court com Jean-Max, que viera lhe visitar de Paris, e Aymer a meu pedido convidou também Iris. Ele chegou como sempre em seu Bentley, sem o qual não mostrava a cara em lugar algum, e apanhou-me com Jean-Max em Hampstead. Em algum lugar em Chiswick, encontraríamos Iris para levá-la conosco até Hampton Court. Ela estava no lugar combinado, esperando. Apresentei-a a Aymer e Jean-Max. Ela subiu no carro. Só então percebi que usava uma blusa de seda branca transparente, algo completamente novo para mim, nunca a vira assim, (apesar de ela ter se esforçado seriamente para ganhar o meu amor. Mas) à minha casa ela sempre vinha em seu traje desleixado-acadêmico, deselegante, de lã ou fustão, nunca realmente sedutor, às vezes talvez de uma cor errada (para sua roupa, ela não tinha um vestígio de sentido estético). Conhecia-a agora já havia dois anos talvez e nunca, nenhuma vez, tinha tentado arrumar-se de uma maneira sedutora com uma blusa de seda transparente. Fiquei tão perplexo que só compreendi aos poucos. Quando descemos em Hampton

Court e nos sentamos no restaurante, os quatro numa mesa pequena, não pude mais ocultar de mim: Iris emperiquitara-se para Aymer da forma mais sedutora possível, viam-se os seus seios nitidamente, os seios e o resto decote abaixo; também parecia quase submissa, como se se ofertasse para o alto senhor, que no entanto não queria saber nada dela e apenas a achava ridícula. Durante o jantar, ela conversou à sua maneira acadêmica, falou-se de livros, tangenciou-se a filosofia, Aymer folheou à sua maneira soberbo-superficial seu pequeno livro sobre Sartre. Mas apesar de ainda demasiado academicamente-articulada, ela se conteve bastante, cuidando para que Aymer não se expusesse, sem desconfiar quão indiferente lhe era o que ela pensava dele. Não observou sua nudez debaixo da blusa de seda — se é que ele a notou —; Iris não fazia ideia do quão desprezível ela lhe parecia, do quão desinteressante era para ele. Além disso, taxou-a, à maneira soberba da classe alta inglesa, de irlandesa, o que, dada sua origem, ela de fato era em boa parte. Mas não da parte *irlandesa* atraente da Irlanda, seu pai vinha, se não me engano, de Belfast e não era nada menos do que um verdadeiro irlandês, a mãe, porém, tinha muito de irlandesa em sua natureza. Jean-Max, a pessoa mais discreta, mais fina, mais sensível, correspondeu à conversa de Iris, falou-se muito de Existencialismo, naquela época, em se tratando de literatura, o tema dificilmente era outro. Jean-Max era cavalheiro com toda mulher, mas nessa reunião Aymer era o senhor e eu o "espírito", para Iris não havia nem resquício de lugar. Na volta — chegáramos em Chiswick —, Aymer nem pensou em perguntar a Iris onde ela morava. Como ela vivia em Chiswick, já não estava longe de casa. Fez-se tão diminuta quanto possível e disse na rua principal: "Just drop me here." Aymer parou sem muita cerimônia, em sua blusa transparente de seda branca ela tropeçou do Bentley para a rua e desapareceu o mais depressa que pôde.

Aymer não comentou em absoluto sua presença, arrancou e levou-me para Hampstead; a atitude submissa de Iris enchera-o de um desprezo que jamais perdeu, mesmo quando ela ficou famosa anos depois — e isso apesar de não ser indiferente à fama literária. Jean-Max, que era muito jovem, teve algumas frases educadas que, porém, significavam pouco. Não as disse em francês, seu inglês era ainda um pouco mais convencionalista do que a língua tende a ser de qualquer forma. Eu, no entanto, estava profundamente consternado pelo modo como aparecera e por seu comportamento. Comportara-se como uma pessoa de nível inferior em relação a Aymer, não apenas consciente da barreira de casta, mas reconhecendo-a, aprovando-a, por assim dizer, para si mesma, enquanto ser humano particular. Queria agradar a Aymer como qualquer estúpida vendedorazinha de loja. Exibiu seu desejo de submissão nitidamente e não fazia a mínima ideia do quão nula era para ele, *qualquer um* de seus convidados, com os quais sempre foi cavalheiro, significava mais para ele; acredito que nem a *tenha visto*, apesar de sua blusa transparente, e sua figura, com os enormes pés chatos e as pernas um tanto grandes, excluía-a de antemão da sociedade das altas, esbeltas e bonitas mulheres inglesas. No comportamento de Iris, porém, reconheci, por mais desgosto que me causasse ter que admitir o fato, uma atitude calculista feminina, extremamente banal, desprovida de espírito e cotidiana. Nem passou por sua cabeça o efeito que isso devia ter sobre mim, a quem, contudo, ela acreditava conhecer tão bem.

Vaughan Williams

Não é fácil para mim continuar escrevendo sobre as coisas inglesas. Muitas vezes, vejo-me tomado de ira quando penso nelas. A aversão por alguns, muito poucos, que suportei durante anos e anos em

Londres repele-me novamente sempre que me aproximo de Londres em pensamento. Tenho de baixar as cortinas sobre uma parte das minhas memórias de lá, para reavivar a *outra*, que está fortemente presente. Havia muitas pessoas lá às quais eu era grato por serem como são. Havia outras que sugaram o meu sangue, porque logo perceberam que ouço qualquer ser humano que se queixa de sua perturbação e que *nunca* ponho termo a esta atitude.

 O que nunca aprendi, tampouco na Inglaterra, foi uma repartição do tempo. Algumas pessoas vivem apenas *para* essa repartição. Ela se lhes torna tão importante quanto ou ainda mais importante do que os seres humanos dependentes, até mais importante do que os seus animais domésticos. Quem mais me assombrava era Iris, que mesmo para o amor, que de forma alguma deixava de ter importância para ela, tinha sempre um horário à mão. Talvez neste caso tenha me causado mais surpresa do que em outros, porque ela asseverava com grande *calor* (ainda que de alguma forma um calor falso e por isso talvez limitado) o quanto o amava. "You are beautiful", dizia ela (quando era acometida de desejo), e dizia-o para pessoas que eram antes o oposto de bonitas (para mim, por exemplo). Eu me perguntava se ela o dissera para Franz Steiner ou para aquele que — há muito — é seu marido. Na verdade, não significava nada (mais que: "Estou faminta. Venha!"). Mas como ela se esquiva de tudo quanto é desagradável, tinha de chamar cada uma de suas vítimas de "bonita".

 Havia, porém, pessoas que administravam o tempo ainda melhor do que Iris. Um renomado erudito do Partido Trabalhista, que escrevia muito para o *New Statesman* e esteve também uma vez no governo — seu nome é Douglas Jay —, costumava, quando solicitava a visita de uma mulher, colocar primeiro o relógio diante de si na mesa e dizer: "Tenho cinco minutos." "I've five minutes time!" (Então tirava as calças, esperava que a mulher fizesse o mesmo simultaneamente, e resolvia a coisa em três, *no máximo* em cinco minutos. Depois ela tinha que desaparecer. Se estava contente com isso e não passava do tempo, podia voltar um mês depois, antes não.) Ele era casado com uma mulher tão alta e seca quanto ele (antigamente) e tinha duas filhas belíssimas.

A beleza das meninas e jovens mulheres da bem educada classe alta inglesa deixava-me muitas vezes fora de mim. Eram verdadeiros retratos de anjos, como se os imagina em momentos alados. Mas, via de regra, eram geladas, o amor era para elas um afazer, um costume, por assim dizer. Naquele período, já não era *contra* os costumes, pelo contrário. Talvez algumas tenham assim descoberto a *coisa*. Porque aquelas que eram diferentes, eram *muito* diferentes. Uma que nunca amei, mas que conhecia muito bem, arranjou-se (depois de um casamento frio com um oficial que morreu na guerra) de modo que finalmente veio a viver com dois homens velhos ao mesmo tempo, na mesma casa, dos quais um era um renomadíssimo funcionário público, um verdadeiro fauno, e o outro, muito mais velho que o primeiro, era um ser humano maravilhosamente puro, Ralph Vaughan Williams, compositor e orgulho da nação, magnânimo, independente, sem ideia de nobreza, submisso, mas sem rebelião aguda; sobre pessoas assim qualquer um queria escrever páginas e páginas.

Intrigou-me muitas vezes o fato de que grandes músicos não são melhores seres humanos. Quando era jovem, pensava que, só por sua atividade, teriam que tornar-se pessoas *melhores*. Mas este compositor, com quem convivi durante dez ou doze anos, permaneceu vivo e alegre até idade avançadíssima e era incapaz de um *pensamento* baixo, quanto menos de um ato baixo. Uma tal afirmação de alguém como eu, que enxerga as pessoas com nitidez, soa ridícula. Mas *insisto*: todas as ideias que se possam ter da magnanimidade de um ser humano haviam se tornado realidade neste músico, apesar de ter uma fama que não durou menos do que quarenta anos.

Há ou havia uma *inocência* na vida inglesa que ninguém que não a tenha vivenciado pode acreditar. Está em absoluta contradição com a consciência da música ou a pretensão dela. E faz as pessoas se perguntarem algo perturbadas: será possível, será *real*, não será a habitual hipocrisia? Vira-se a coisa de todos os lados, espreita-se, pergunta-se (com a melhor das intenções, *quer*-se que seja verdadeiro, mas ainda se duvida). Quando se chega, depois de algum tempo, à inabalável convicção de que este ser humano é realmente como aparenta ser, o personagem vive ainda uma dúzia de anos e é então sepultado em Westminster Abbey.

Sempre fui enormemente grato pelos dois anos de infância que passei na Inglaterra. É bem verdade que meu pai morreu ali, mas não foi o medo que o matou, foi seu pai, e talvez a obstinação da minha mãe pela língua alemã. O que assimilou da Inglaterra o fez feliz. E aquilo que transmitiu durante o ano, ou pouco mais que isso, que lhe foi dado viver na Inglaterra tornou-se a base moral da minha vida. Em 1913, aos oito anos, deixei a Inglaterra, arrastado pelo desassossego de minha mãe. Voltei só 25 anos depois. Entretanto, houve guerras e mais guerras — o amor ciumento que nutria por minha mãe, a luta por ela, que ela jamais me perdoou, a guerra entre nós, a paixão por Veza, a amizade com Sonne, as três duras, mas cômicas, obras dos anos de juventude, a expulsão de Viena —, mas a base, que recebi do meu pai na Inglaterra, permaneceu intacta, era de natureza *moral*, e ainda hoje não me envergonho de defini-la assim. Depois procurei durante toda a minha vida por pessoas que correspondessem a essa imagem, na Inglaterra estive mais de uma vez perto de renascer em um encontro dessa ordem. Uma vez aconteceu real e tão completamente que tenho vontade de dar uma bofetada na cara de todas as pessoas que ficam falando com despeito da hipocrisia pudica "vitoriana".

Às vezes digo a palavra. "Inglaterra" digo às vezes e tenho a impressão de mentir. A fé nesta Inglaterra era inabalável quando, em meu sétimo ano de vida, vivia ali com o meu pai. Ele me trazia livros para que eu os lesse, e eu lhe falava deles, foram os primeiros livros que tive nas mãos, os primeiros que li. Sobre cada um dos livros que me trazia, ele tinha algo a dizer e sua expectativa era de que, em seguida, eu próprio lhe dissesse algo a respeito. Aprendi a ler em poucos meses, ao mesmo tempo em que aprendi a nova língua, e se houve algo que me tenha feito feliz, foram os livros que meu pai me trazia. Parte deles ganhei mais tarde, devia então estar com setenta anos, mais uma vez: *Histórias de Shakespeare*. Um livro sobre Guilherme Tell preparou-me para a Suíça, um sobre Napoleão fez-me desgostar dele. Os *Contos de Grimm* e *As mil e uma noites* seguiram-se logo. O gosto por histórias e mitos desde então nunca mais me deixou. *As viagens de Gulliver* continham só a primeira e a segunda parte, sobre os liliputianos e os gigantes. *Robinson Crusoe* trouxe-me a solidão e os povos longínquos, Dante o juízo severo. (Hoje não tenho mais tanta certeza se *Dom Quixote* já estava entre esses livros. Com toda certeza, porém, ficou faltando Ulisses.)

Aymer

Quando a tristeza me invade, de costume pelo fim da tarde, puxo uma memória à superfície. Só o fato de *ser* uma já me deixa menos triste.

Muito na Inglaterra era tedioso, mas desde que se tornou memória, já não entedia de forma alguma. Quando surge, cintila. Não quer virar noite.

Mas há objetos, na verdade pessoas, que nem mesmo na memória cintilam. Devo citar seus nomes? Melhor não, estorvam o caminho daqueles que querem emergir.

Curioso o quanto gosto de pensar em Aymer e também em Gavin. Talvez porque mundos nos separem, em todas as questões, as da vida e principalmente as do amor.

Talvez também porque eles, enquanto par de irmãos ciumentos — não verdadeiramente gêmeos —, têm algo de mítico. Em sua infância ganhavam animais que pertenciam *aos dois*, seja porque a mãe, que presenteava, pensara-o assim, por motivos cristãos, seja porque naquela época ainda gostavam de ter criaturas *juntos*. Mais tarde isso se transformou numa incessante disputa e tornou-se o centro da vida, pelo menos de Aymer. Mas também Gavin contribuiu com sua parte, já que, enquanto caçula, se sentia prejudicado, porque o título, as posses e a maior parte do dinheiro haviam passado ao mais velho. Depois de uma infância em comum sem preocupações, *um* dos filhos era o mais *pobre*. Gavin foi quem primeiro praticou o amor com garotos e teve muito êxito. Aymer tentou igualar-se, mas para ele foi muito mais difícil. Tinha de lutar por rapazes que o mais jovem atraía como mel as abelhas. Este exibia-os a valer, tão logo lhe pertenciam. Aymer queria roubá-los do irmão e apoderar-se deles, mas com quê poderia atraí-los? Com seu Bentley, horrorizava toda a região em torno de seu castelo. Era tão temerário ao dirigir que se sentia como um piloto de corrida. Volta e meia ia a corridas de exibição e uma vez me levou junto, em realidade fui naquela única oportunidade só para ver por que estes pilotos audaciosos o encantavam. Ele podia comprar qualquer carro, mesmo o mais caro, e por isso, quando pensava no irmão, sentia-se privilegiado. Era verdade que este *tinha* um carro de corrida e não um Bentley, mas não podia trocá-lo por um melhor assim que parecesse já um tanto usado. Era lastimável ver como

Aymer chegava com seu Bentley. Não se *permitia* aparecer de outra forma entre as pessoas. Quando buzinava frente à minha casa — eu morava no segundo andar —, reconhecia sua buzina a assomava na janela. Não me enganei nem uma única vez, tão certeiro e incomparável era sua buzina.

Convidou-me muitas vezes para viagens e eventualmente aceitei. Significava talvez uma estadia bonita em algum lugar no sul. Mas o percurso era desagradável. Duas vezes ao dia havia um destino, e a viagem consistia na ambição de chegar a ele o mais rápido possível. No *entremeio* nada valia, afora as refeições, próprias de determinadas horas do dia. Percorria-se em pressa alucinada e constante perigo de vida algumas centenas de quilômetros, passava-se sem parar pelas mais belas cidades e catedrais, pois elas não eram o destino. O destino fora determinado de *uma vez* por todas e era isso. Eu sempre ficava a seu lado e ele achava que me impressionava com sua temeridade. Ficou muito surpreendido quando finalmente confessei, no contexto maior de uma conversa significativa, que nem percebera o perigo. Eu era a última pessoa que poderia ansiar por temeridades em assuntos físicos — estas coisas nem sequer existiam para mim. Na mesma conversa, ele admitiu o quanto havia se admirado comigo. Se estivesse em meu lugar e eu fosse o condutor, teria me obrigado a parar e descido. Tanta loucura ao dirigir só era lícita estando a *própria* pessoa no volante. Assistir simplesmente ao outro e ser por ele incessantemente retido nesse perigo era algo insuportável, ele teria posto um termo a isso, ainda que lhe tivesse custado uma amizade que prezava muito. Dessas viagens conservo na memória minha calma muito perturbada e, muitas vezes, o pesar pela desconsideração de um topônimo pelo qual passávamos. Os lugares eram considerados enquanto nomes no mapa. Que uma cidade também consista de algo, talvez há séculos, que a Borgonha, por exemplo, é repleta de maravilhas românticas, com isso se podia sonhar, e só. À uma hora em ponto vinha então o comando: "Let's have some food!" Parava-se só no melhor dos melhores restaurantes da região e durante a refeição eu aproveitava para enumerar, em tom objetivo, tudo aquilo que me escapara. Ela gostava de ouvir isso, porque, embora tivesse verdadeiro respeito por minha pessoa, não concedia de boa vontade nem mesmo a mim aquilo que me seria um deleite — e isso porque eu não era de forma alguma aquele arquirrival, seu irmão, mas um ouvido amigável e uma espécie de pronto-socorro em graves crises de angústia. Não creio que tivesse respeitado o seu pai da mesma forma, caso este tivesse vivido por mais tempo. Seu respeito, penso, devia-se àquela disposição, certamente notável, que o fazia ficar admirado com tudo, sem que o deixasse perceber. Tinha uma tendência — isso era costume entre as pessoas de sua classe — de fingir-se de entediado, ainda que isso raramente fosse verdade. Ele não compreendia que em mim houvesse lugar e calor para tudo, e supunha que só um dom muito especial possibilitava aquilo.

Em realidade, Aymer era tão sensível e receptível quanto eu. Se não fosse assim, como eu teria podido suportá-lo com todas as suas características negativas? E suportado *de bom grado*, há de ser dito. Aborrecia-me muitas vezes, especialmente com seu escárnio mordaz de pessoas que eu estimava. Mas ele sabia quão pouco a sua origem me impressionava. Acostumado ao esnobismo horripilante de seus conterrâneos, ele tinha assim menos ensejo para mencionar algo a respeito. Mas sentia o que se passava dentro de mim quando eu condenava algo severamente, porém calado. Ele dizia para *si mesmo*, interiormente, como crítica própria, aquilo que esperava de mim como reprimenda e, embora *consistisse* de cem defeitos e insuficiências, sentia que na conversa comigo estava livre deles.

No fundo, é impossível ser mais *grato* pelo pouco que lhe dei e que, mesmo assim, foi durante muitos anos de uma importância vital para ele. Não posso falar de *tempo*, já que aquilo que ele considerava uma generosidade escandalosa, dada a doença do tempo de que praticamente todos os ingleses padecem, não *era* generosidade nenhuma: dei, naquele tempo da Inglaterra, durante mais de trinta anos, o meu tempo para *todos*. Fui pródigo nisso, porque nunca, nem tampouco ali, virei escravo do tempo. O tempo não se me esvai, qualquer tempo com quem quer que o tenha passado que me falava de si alargou-me o peito e fez-me feliz, pois assim me era dado não ficar comigo, e penso que isto é a verdadeira felicidade, estar com os outros e não consigo mesmo, poder abandonar-se, sem estar adestrado para isso, sem mesmo percebê-lo realmente.

Mas tem de ser dito que, durante três viagens que fiz com Aymer, me abandonei da forma mais natural e plena: no Marrocos, na Provença e na Grécia. Há de ser por sua causa que estas viagens significam mais para mim do que todas as outras. O que hoje parece nada para uma pessoa em cada duas era para mim mais do que tudo. Isso também deve ter relação com o fato de que ele sempre queria fazer algo comigo para poder observar-me. Pouco importava se era *ele* quem falava de si ou se eu ouvia outras pessoas.

Inglaterra, uma ilha

Durante a guerra, há mais de cinquenta anos, foi a salvação da Inglaterra que o país era uma ilha. *Ainda* era uma ilha, e esta qualidade, que era também uma imensa vantagem, foi desperdiçada.

Hoje é o espólio de um governo, cuja única e sagrada receita foi o egoísmo. Tinha-se orgulho disso como de um conhecimento novo, uma seita de riscadinhos espalhou-se pelo país, chamavam-se *busy executives* e buscavam arrancar do próprio país o que antes se explorava nos quatro cantos do mundo. A Inglaterra decidiu saquear-se a si mesma e para tanto contratou um exército de *yuppies*. Como paraíso, mas no aquém, prometia-se uma casa para cada um. Esta gente pôs as mãos à obra e, numa pressa muito pouco inglesa, fez fortuna. O Estado declarou com orgulho que doravante não faria mais nada, pois cada um olha por si e, aliás, quem é que varre a rua para os outros? A hipocrisia, antes a real argamassa da sociedade inglesa, caiu por terra. Num átimo, o lema de todos tornou-se: *eu* por *mim* e que o diabo carregue os outros. Mostrou-se com isso — confesso que para minha surpresa — que *egoísmo* não se presta menos a objeto de sermão do que altruísmo. O pregador-mor do país ficou sendo uma mulher que incansavelmente rejeitava tudo quanto fosse em benefício dos outros, para os outros tudo era caro demais, para si própria nada o suficiente. Água, ar, luz, foram deitados nas mãos do negócio, onde, dependendo do caso, ou medravam ou definhavam; na maioria das vezes definhavam. Urdiu-se também uma pequena guerra entre os antípodas para devolver aos mares do mundo o sentimento de que eram ingleses. Churchill em pessoa e o máximo perigo, em que a Inglaterra tinha estado poucos anos antes, foram recrutados, tudo era ainda mais eficaz porque as duras prescrições vinham de uma mulher que era casada com um simples milionário. Ele se contentara com pouco demais, ela não. Colocou-se em segundo plano e nunca a atrapalhou. Algumas cidades, graças a ela, viraram escombros e asco. As escolas ficaram ruins para que as crianças ruminassem a tempo empreendimentos próprios e a falta de escrúpulos. O que outras figuras públicas sugeriam com ânimo dividido, porque a outra metade do coração ainda dava palpites, foi agora posto em prática sem cerimônia. Como todos os seres humanos tendem à mesquinhez, de que só abrem mão com algum esforço, respirou-se aliviado na humanidade inglesa, que de repente tinha o direito de ser tão vil quanto todas as outras humanidades e ainda recebia os mais altos elogios por isso.

    A mim foi dado viver esse tempo e ver os meus melhores amigos fingirem. Haviam usufruído de uma educação de dar inveja a qualquer cidadão nascido alhures. Sendo assim, uma governanta, que afirmava o contrário de tudo aquilo a que se era exortado antes, fazia um bem infinito. De repente, devia-se ser tão asqueroso quanto o ser humano é por natureza e mostrar os atributos dos quais antes era forçoso abster-se. Deve ter sido um suspiro de alívio secreto, e da antiga hipocrisia só restou o fingimento para mim mesmo. Havia naturalmente outros, e decerto não os piores, que haviam se comportado em minha presença tal como realmente eram. Estes sabiam como eu pensava e respeitavam a minha posição. A eles não posso censurar nada a não ser sua natureza perigosa de ser humano, algo que não censurava menos em mim. Ficava zangado, porém, com aqueles outros que me eram mais próximos, entre eles criaturas sensíveis e cultivadas, poetisas, poetas, ou pelo menos escritores, que durante um período de dez anos se renderam àquele ídolo do tempo da escravatura e que, diante de mim, ainda vestiam todas as frases ocas de índole filantrópica.

    Houve pior: houve as surpresas. Houve amigos próximos que eu não vi durante anos e que de repente vinham ter comigo na consciência plena de suas novas convicções. Sentiam-se inocentes, já que desde a sua conversão se passara algum tempo. Haviam feito carreira, alcançado fama e posses e parecia-lhes completamente natural defendê-los. Fingiam tão pouco que se assustavam com meu espanto. Havia entre eles mulheres cheias de sentimentalismos, que em sua vida privada se derretiam face ao dinheiro, mas que na esfera pública eram seguidoras da pregadora do egoísmo, mesmo quando já se tornava claro o quanto ela naufragara. Veio então o luto pelo infortúnio do país, que não se amava menos porque se possuía um pedaço dele e que, pelo menos teoricamente, não se queria colocar em questão.

Houve também caminhos históricos que desembocaram na nova situação. Uma historiadora, a quem pessoalmente devo muitíssimo, com uma agilidade mental quase francesa, de uma das famílias mentalmente mais férteis e mais diversamente inventivas do país, uma boa conhecedora do século XVII, a mais movida das eras inglesas, uma mulher cheia de orgulho da literatura elisabetana do período anterior, surpreendeu-me — eu não a via fazia cinco ou seis anos — com um discurso entusiasmado sobre o novo período elisabetano da Inglaterra, *agora*, sob a governanta. Era sua convicção mais sincera, transbordava de exaltação e cegueira, eu fiquei sem fala — e pela primeira vez depois de 25 anos, quando nos tornáramos amigos, calei-me sombrio e deixei transparecer o que pensava sobre o seu delírio.

Velocidade

Que mais haveria para dizer de Aymer e de seu culto à velocidade? Impaciência era a sua característica predominante. Adquirira-a nas décadas em que esperava pela morte de seu avô, cujo título e posses herdaria. Talvez pensasse que dirigindo alucinadamente chegaria mais depressa a sua meta. Sempre houve algo de assassino em sua maneira de conduzir. O Bentley, dizia, era tão robusto que no caso de uma batida mataria *qualquer outro*. O próprio condutor, porém, sairia ileso. Assim percorria o país em sua velocidade homicida e nada acontecia. Quando finalmente chegou a hora, já se acostumara e continuou dirigindo da mesma maneira.

Em casa, em seu castelo, entediava-se, no mundo lá fora, contanto que atravessado em automóvel, havia sempre aventuras. Os jovens, cuja atenção queria atrair, não se impressionavam com nada além de um Bentley de luxo. O que outrora haviam sido os cavalheiros em suas lustrosas armaduras era ele no volante.

Mas o verdadeiro segredo de Aymer era o seu *gaguejar*. Não sei quando começou a gaguejar, nunca lhe perguntei. Temia ver-se inferior e interrompia-se na mais animada conversa pelo gaguejar. Interrompia com isso também o outro que lhe era superior. De maneira que o submetia ao seu próprio ritmo. Procurava assim regular a *velocidade* da conversa. Com muitos tinha êxito e considerava-os então derrotados. Aqueles que não se deixavam impressionar, que, por assim dizer, não notavam o seu gaguejar, venerava. Era uma veneração que sempre procurava abalar, mas apenas para a poder conservar.

Vi um retrato de Vaughan Williams, quase por acaso, um retrato muito tardio, pintado por um homem da Royal Academy, rigorosamente *nulo* enquanto pintura porque "composto" por fotografias e por isso tão semelhante ou, na verdade, tão *igual* a ele que me acertou como um *golpe* quando abri a página do livro. *Tem* de figurar no livro sobre a Inglaterra. Não tenho nada a dizer sobre a sua música, só conheço algumas coisas, talvez seja insignificante, não o posso dizer, mas isso é indiferente.

Não será fácil, porque não posso contar a história magnífica e cômica de Ursula, através da qual o conheci, sobre o Falstaff dela, que, por assim dizer, veio embrulhado para presente no casamento, que viveu na casa desse homem maravilhoso, só posso pensar com os meus botões, *nunca* torná-lo público em um livro. E ainda assim, quão encantador seria pensar que o nobre velho *sabia* de tudo e tinha a grandeza de querê-lo ou, pelo menos, de tolerá-lo com serenidade, por causa dela, a quem, à sua idade, não queria perder.

Duas coisas estão sempre diante de mim quando penso agora no meu livro sobre a Inglaterra: as *Brief Lives* de Aubrey, com que ardor gostaria de seguir o seu exemplo, pois eu o *poderia*, *sim*, eu sem dúvida seria capaz disso; e em segundo lugar, penso na *soberba* inglesa. Mostra-se agora que é, sim, aquilo que era o mais notável da Inglaterra, a proeza propriamente dita da existência inglesa, que eu ainda vi em sua máxima tensão, quando salvou o mundo de Hitler, e nas décadas seguintes, em sua decadência aparentemente imparável.

As variantes da soberba

O caso mais nu e, por assim dizer, o mais infeliz porque mais ineficaz: *Aymer*, a quem eu conhecia tão bem como depois não conheci a ninguém. Nele a soberba ainda está estreitamente ligada à posse e à posição; mas também à consciência de se encontrar, apesar da mais alta ascendência (de duque), factualmente apenas no mais baixo degrau da hierarquia, de ser apenas um *baronet*. Em *Lady Mary*, sua mãe, esta soberba combinava-se com uma humildade verdadeiramente cristã, como seguidora da Catholic Apostolic Church Edward Jerwings.

O mais singular, sua filha *Christine*, irmã de Aymer, era membro, membro *ativo* do Partido Comunista, que na Inglaterra, já por seu tamanho diminuto, conservara o carácter de uma seita. Festa na casa de Christine, uma mescla de alta aristocracia e comunistas, a festa mais estranha que jamais presenciei. Não conhecia quase ninguém, muito poucos apenas, pelo nome, e não sabia, no caso de pessoas com que falava pela primeira vez, se eram aristocratas ou comunistas. Em seu tom intelectual poderiam ter sido ambas as coisas, ainda que aqui, na festa de Christine, os comunistas não estivessem preocupados com as suas máscaras costumeiras. Não se pode esquecer, porém, que durante a guerra haviam sido realmente aliados.

A soberba de *T. S. Eliot*, por assim dizer a conquista de um americano que, depois de gerações, voltou à pátria-mãe. Será difícil conceber Eliot como realmente era, a saber, abissalmente mau. Não basta lembrar seu juízo insolente sobre Goethe e seu juízo inumano-antipoético sobre Blake. Sua obra mesquinhamente mínima (todas as pequenas escarradeiras do falhanço), o poeta do *depauperamento* sentimental inglês e moderno, que por ele virou moda. A hierarquia (calcada na de Dante) que ele introduziu na crítica literária, para encontrar um alto lugar para as suas próprias criações. Teve tanto êxito nisso que se pôde permitir na velhice aquelas peças impotentes, levadas a sério não só na Alemanha.

A *soberba de Oxford*, um tanto chinesa, e nisso, mas apenas nisso, ainda atraente. De uma inesgotável esterilidade. Ao mesmo tempo, a mais maravilhosa biblioteca (Bodleian) e a mais maravilhosa livraria do mundo (Blackwells). A rígida *filosofia escolástica* oriunda de Oxford. Cambridge eu praticamente não conhecia, mas me dou conta que uma figura extremamente viva, que devia ser levada a sério, eloquente, moral e mesmo assim divertida provinha de Cambridge: Bertrand Russell.

(O que a Inglaterra seria sem o afluxo irlandês!) Continuamente chegavam irlandeses ao país, como aos Estados Unidos, sem eles a Inglaterra, o povo vitorioso (que antes já pôde contar com os galeses), teria perdido o ânimo. Quem daqueles que conheci na Inglaterra era realmente livre de soberba?

Herbert Read (que mais tarde se fez chamar de *sir* apenas por causa de sua mulher).

Vaughan Williams, o compositor, que conheci como homem velho, totalmente *intacto*, inconsumível e indestrutível.

Talvez se poderia dizer — com ressalvas — que *Bertrand Russell* não era propriamente impregnado de soberba. Sua origem resistiu por toda sua vida. Também era demasiado bode para ser soberbo.

Dylan Thomas, mas este era galês e poeta, poeta por riqueza, não por pobreza, como Eliot. Nunca me pareceu soberbo, mas Caitlin, sua mulher, sim.

Veronica reservou sua soberba para a história. Suas festas eram um tal fracasso que não podem ser chamadas propriamente de soberbas. Sua ambição era descomunal, mas se originava do fato de sua existência ser indesejada pela mãe e de sua falta de atrativos para os homens. Conhecia todos os atalhos da fama e não os desprezava de forma alguma, mas não creio que ela jamais tenha oprimido um ser humano pela soberba.

Iris. Tampouco se pode chamá-la de soberba no sentido inglês, ela é de origem irlandesa. Sem dúvida se entranhou em Oxford e Cambridge, com toda a filosofia escolástica respectiva, e é verdade também que é ambiciosa como um ladrão mestre. Mas ela é demasiado sedenta de amor para ser soberba, em relação a praticamente todos os seres humanos — homem ou mulher — seu objetivo é amor.

No caso de *Ursula*, a soberba certamente existente era polvilhada com bondade e por isso nunca manifesta. E a ânsia de agradar, até mesmo na idade avançada, desempenhava nisso também o seu papel.

Clement parecia um Apolo (um Apolo da época romana), sabia-o e dava por isso a impressão de soberbo, sem sê-lo mais do que outros.

Margaret, muito soberba (ainda que vienense por parte materna), também pela avareza, sempre foi rica e mesmo assim assegurava incessantemente, à maneira inglesa "I can't afford it". Quando na Inglaterra alguém saía *logo* com esta frase, sabia-se: é rico.

Clement Glock

As coisas inglesas ampliam-se a cada dia que passa. Talvez não esteja mais completamente dominado pela tristeza que desde fevereiro de 1984 me preenchia sem cessar. Sou outra vez capaz de pensar em *episódios coerentes* de Hampstead. Talvez seja também o espanto sobre a carta de Carol, que me acertou há um ano e meio e ainda produz seus efeitos.

A Inglaterra mudou de cor na memória. Ao mesmo tempo, tudo que se passou em mais de quarenta anos ali está subitamente presente, como se tivesse esperado pelo momento de enfim aparecer *integralmente*. Ainda não vejo uma ordem nesta memória, mas nela fervilham pessoas, maneiras de falar, destinos, ofensa e comoção. Alguns parecem ter se tornado ainda mais nobres do que sempre foram, outros estão submersos na negrura e esforçam-se desesperadamente para emergir. Também falo disso, a quem quer que me escute, falo demais disso, até que — para minha surpresa — as pessoas me dão as costas, entediadas. É verdade que este país já não é o umbigo do mundo, mas os seus poetas ainda se admiram com ele — eu pelo menos me admiro mais do que nunca.

A *casualidade* de teus encontros ingleses. Isto seria bom. Mas, depois de tantos anos, resultou algo diferente: uma *hierarquia*, dependente de tuas aversões e de teus sentimentos melindrados. Que imagem errônea resultará de um país que agora está mergulhado no mais profundo infortúnio: suas melhores instituições, que foram o modelo do mundo, estão abaladas, isto é, postas em dúvida e abaladas por uma seita de pregadores do egoísmo que reinou durante dez anos.

Não quero acreditar nisso: diante dos meus olhos, pela própria mão, não por ocupação alheia e opressão, por si, por si próprio este país vai a pique.

Devo descrever sua disposição interna *idílica* de cinquenta anos atrás? Quem acreditará em mim? A quem interessa? Precisaria da serenidade da velhice para tanto, que não tenho, ou que tenho apenas às vezes, em momentos demasiado raros.

Elias Canetti na Escócia, 1951

Posfácio
por Jeremy Adler

No Man is an island.
John Donne

Na realidade fui à Inglaterra para aprender a escrever em alemão.
Georg Christoph Lichtenberg

A autobiografia de Canetti, que narra em três volumes sua vida entre os anos 1905 e 1935, surpreendeu, quando apareceu no final dos anos 1970, pela clareza de sua linguagem e pela perfeição da forma. Contribuiu essencialmente para o sucesso da obra o estilo clássico, inspirado na escola de Goethe e Stendhal. Como num romance de formação, segue-se o caminho de evolução do autor pelas turbulências do tempo, enquanto este mesmo autor nos faz um retrato de personalidades importantes, formando uma galeria literária que procura o seu igual. Por este efeito especular, Canetti logra uma cristalização da própria personalidade, que nos reluz no reflexo de seus conhecidos e amigos. Confere assim contornos nítidos e forma sólida à vaga substância da memória, e leva a cabo a sua própria e derradeira metamorfose. Observação e análise, anedota e reflexão juntam-se nesta agradável escola de leitura numa síntese rara, e uma língua clara, fortemente imagética, outorga às lembranças uma presença verdadeiramente sensual.

O autobiógrafo põe-se em contiguidade com os grandes acontecimentos de seu tempo. Como Goethe, que se retrata no cerco de Mainz e na batalha de Valmy, ou Stendhal, que em *La Chartreuse de Parme* faz Fabrice del Dongo participar da queda de Napoleão nos campos de Waterloo, Canetti evoca, no segundo volume de suas memórias, o incêndio do Palácio de Justiça de Viena, um acontecimento que marcou de forma decisiva tanto sua obra quanto sua personalidade.

No entanto, a omissão de determinados eventos suscitou a impressão de que o autor quisesse transfigurar a imagem de sua vida anterior, como se quisesse diminuir sua dureza. Esta postura foi saudada por alguns amigos que acreditavam reconhecer no autor uma gentileza que, em dias anteriores, com efeito caracterizara a pessoa, mas nunca sua escrita; outros porém, ficaram perplexos e sentiram-se traídos pelo velho companheiro de viagem que aparentemente suprimia tanto seu engajamento político quanto alguns de seus erros, como se quisesse negá-los. A autobiografia de um poeta, contudo, foi, é e sempre será um ato literário, ficção vivida, e não pretende ser medida pelo padrão da biografia. O objetivo de Canetti é a criação simbólica, não a reprodução, e muito menos a vida vivida em si. Por isso repreendeu seus críticos, num apontamento do ano 1993:

> Em um história de vida deve haver também muitos enigmas e muito a adivinhar, e as supostas soluções devem poder levar a descaminhos. Muitos aspectos têm de ser concebidos para permanecer para sempre ocultos. Todas as intromissões pretensiosas e falsárias hão de expor-se ao ridículo. A história de uma vida é secreta como a vida de que se fala. Vidas explicadas não foram vidas.

Quando escreveu estas palavras, Canetti já trabalhava na continuação de seu projeto. Como confidenciou a certos amigos, os planos da autobiografia previam de início uma obra em cinco volumes. À cada parte corresponderia um dos sentidos, como revelam os primeiros três títulos: *A língua absolvida*, *Uma luz em meu ouvido*, *O jogo dos olhos*. A emblemática remete ao desenvolvimento do ser humano que o poeta tenta captar. Para o novo volume, publicado agora sob o título *Festa sob as bombas* (*Party im Blitz*), Canetti talvez pensasse no olfato — portanto, no nariz — como símbolo, sentido contemplado no início de um trecho de certa extensão, em que o autor relata o "cheiro de inanição" que teria encontrado na Inglaterra. Mas como em tantos destes fragmentos trata da aparente falta de sentimentos dos ingleses, talvez considerasse também o tato ou o sentimento em si, ou seja, a mão ou o coração como emblema. Seja como for, o processo de simbolização aponta uma relação entre o texto tardio e o projeto interrompido, porém, o fruto serôdio significa também um recomeço assombroso, trazendo em sua temática, em sua vivacidade, sem falar da acerbidade irrestrita, um bom número de surpresas.

O primeiro apontamento para a nova obra diz: "Memórias da Inglaterra. — Londres, quinta-feira, 11 de outubro de 1990 — Enquanto os olhos ainda permitem, quero escrever algo sobre o tempo na Inglaterra." Onze dias depois, está decidido o tema provisório: "22 de outubro de 1990 — Finalmente encontrei o que quero escrever sobre a Inglaterra, sobre o período inglês: Amersham e o tempo durante a guerra." Com isso, Canetti refere à evacuação de Londres, quando as pessoas se mudavam para o campo, tentando escapar das bombas alemãs.

> Tantos nomes desapareceram [continua o autor]. Encontrarei as pessoas apesar disso? Vejo-as diante de mim, mesmo sem seus nomes. Quero pensar primeiro naqueles que não eram tão próximos de mim, se não o livro se transformará outra vez em minha história privada. O que me seduz agora é traçar o retrato da Inglaterra campestre, como ela foi naquela época da guerra.

No começo do ano subsequente, porém, delineiam-se as primeiras incertezas: "2 de janeiro de 1991 — São tantos os que tenho na memória, por quem devo começar?" Finalmente, Canetti consegue terminar o primeiro manuscrito, em outubro de 1991. Este primeiro manuscrito estenográfico serviu-lhe de base para a segunda versão, que anuncia com a seguinte observação:

> Sexta-feira, 17 de julho de 1992 — Está na hora de voltar-me outra vez para a Inglaterra, pois sinto que as coisas somem paulatinamente, mesmo aquelas do primeiro tempo, e seria uma pena se de repente não restasse nada de quarenta anos de Inglaterra. [...] Sob o título "Londres", comecei outrora a anotar as memórias da Inglaterra. Continuei este começo no decorrer de outubro de 1990 e depois em janeiro de 1991. Então interrompi o trabalho e só o retomei a sério em julho de 1992.

Menos de um mês depois, Canetti renuncia ao trabalho com a observação: "Da Inglaterra — redação provisória e desordenada (não deve ser publicada nesta forma) — 17 de julho a 23 de agosto de 1992." Este segundo manuscrito constitui de longe a versão mais abrangente e representa a parte principal do livro *Festa sob as bombas*. Seguiram-se duas fases de trabalho, de fevereiro a abril e de agosto a novembro de 1993, em que surgiram outros fragmentos e esboços, mas também trechos mais panorâmicos. Entretanto, o livro avançara para muito além da intenção primeira de descrever apenas os anos em Amersham. Aparentemente Canetti tinha a intenção de ordenar rigorosamente as diferentes fases de sua estadia: "Há de se diferenciar os primeiros anos, até os primórdios da guerra, do tempo seguinte em Amersham e ainda do tempo posterior e mais longo em Hampstead. Esses períodos têm realmente de ser separados." Mas esta periodização jamais aconteceu. Londres tornara-se o centro da ação, o tempo em Amersham também foi contemplado, a viagem à Escócia não podia faltar, e assim o esboço autobiográfico se ampliara para um panorama maravilhoso da vida na Inglaterra. Contudo, Canetti nunca ficou satisfeito com o escrito: "Quando conto da Inglaterra, percebo como tudo é falso."

Nas notas que acompanham o texto, chama a atenção o desejo de Canetti de arrancar suas memórias das garras do esquecimento, como se se tratasse de objetos concretos, de pessoas vivas até. Aliás, a autobiografia significa para Canetti de um modo geral a tentativa de vencer a morte, de maneira que a grande empresa autobiográfica se enquadra na estratégia mais ampla do autor de superar a transitoriedade. Além disso, entendia seu espólio como um meio para manter-se vivo: observou mais de uma vez que deixava muitas obras propositalmente inacabadas, para não as ter de publicar; seriam então descobertas e difundidas depois de sua morte, pelo que se salvaria do ocaso. Portanto, se *Festa sob as bombas* aparece sem o consentimento expresso de Canetti, a publicação obedece, em princípio, ao espírito de sua vontade.

Depois de se haver retratado, nos primeiros volumes de suas memórias, como intelectual da Europa Central, como contemporâneo de Kraus e Musil, de Broch e Brecht, Canetti narra aqui sua existência na imigração, que em muitos aspectos — como ele próprio aponta — foi muito diferente da vida de outros fugitivos. Nenhum poeta falante de alemão daquele tempo, que permaneceu fiel à sua língua, estabeleceu-se da mesma maneira que Canetti na Inglaterra. O feitio é tanto mais surpreendente visto que o escritor se impôs de maneira exclusiva pela força de sua personalidade. Mais de uma vez ele lembra o fato de que, no começo, pessoa alguma na Inglaterra conhecia a sua obra.

Isso pode soar como vaidade, e sem dúvida o é. Mas a ânsia por uma posição na hierarquia da sociedade inglesa, em que Canetti se movia, exige o êxito público como etiqueta, como emblema. Sem esta aura — seja ela de nascença ou adquirida pela profissão — não se avança. Iris Murdoch acertou com humorística exatidão a situação de Canetti quando o retratou, em *The Flight from the Enchanter*, como uma figura que é famosa sem que se saiba exatamente *por quê*. Canetti, porém, como revela agora, fazia as vezes do "historiador" secreto, do "espião" ou — como costumava dizer — do "cão de seu tempo".

O resultado de suas observações constitui um verdadeiro panorama da vida inglesa, em que Canetti dispõe a variedade dos tipos ingleses que conheceu em toda a sua largura: do gari ao membro da alta nobreza.

> Eu próprio era mais *ouvinte* do que analista, e ouvi tanto que haveria algumas centenas de volumes para escrever, caso ainda lembrasse de tudo. Mesmo a fração que consegui conservar seria suficiente para alguns livros. Mas nem cogito proceder à exploração desta fonte. Só quero manter vivos alguns caracteres, que na época se tornaram personagens para mim, e assim permaneceram, ainda que não os veja há décadas. Quero livrar-me da abundância de personagens ingleses. Porém, escolho apenas aqueles que considero especialmente característicos. Queria que juntos compusessem um retrato da Inglaterra, como ela era em meados deste século [XX].

O número de conhecidos ingleses é impressionante. Políticos como o conservador Enoch Powell e o ministro do Partido Trabalhista Douglas Jay, intelectuais como Bertrand Russell e Herbert Read, eruditos e cientistas como Arthur Waley e J. D. Bernal, mulheres intelectuais como C. V. Wedgwood e Diana Spearman, escritoras e poetas como Iris Murdoch e Kathleen Raine, o colecionador e pintor Roland Penrose, o escultor Henry Moore, o compositor Ralph Vaughan Williams — todos eles atestam a riqueza espiritual dos anos ingleses, bem como a intenção de considerar indivíduos específicos como figuras representativas. Importa especialmente a Canetti demonstrar sua relação com os grandes líricos da Inglaterra, com T. S. Eliot (que só conhecia superficialmente) e com Dylan Thomas (com quem tinha mais amizade do que se indica aqui).

Um dramaturgo como Christopher Fry ou romancistas como E. M. Forster ou Evelyn Waugh não aparecem. Apenas a amiga Iris Murdoch tem de se prestar à dupla função de filósofa e romancista.

Centrar o foco na vida inglesa leva Canetti a omitir vários amigos que se esperaria encontrar na biografia. Com exceção de Franz Steiner e Oskar Kokoschka, não retrata praticamente nenhum imigrante, embora mantivesse relações amistosas com poetas como Michael Hamburger e Erich Fried, com a artista e cientista natural Erna Pinner, com a pintora Milein Cosman e com o crítico de música Hans Keller. A vida privada do autor também foi excluída em grande parte. Sua mulher Veza e o irmão Bucky Calderon, as mulheres amadas como Anna Mahler, Friedl Benedikt e Marie-Louise von Motesiczky, aparecem pouco — comparado a seu papel na vida de Canetti — ou apenas à margem. As acerbas necessidades por que Canetti passou com Veza, a humilhante luta pela sobrevivência, praticamente não são tocadas, e Canetti ignora na memória também o difícil caminho para o reconhecimento público. Algumas das amarguras talvez remontem às "humilhações" que se experimentava enquanto imigrante grato ao lado das "ternuras". Esta problemática, assim como a vida cotidiana, permanece recortada. Em contrapartida, a menção frequente da ideia da massa remete à gênese lenta de *Massa e poder*, obra principal, à qual Veza não menos do que o próprio Canetti sacrificou sua natureza genuína de poeta.

Onipresente nos primeiros anos, mas nunca descrita em seu alcance completo, é a guerra. Canetti acompanha o evento antes em manifestações concretas que o tocam diretamente — no temor de seus anfitriões durante a "festa sob as bombas" ou numa viagem em um ônibus coletivo. Os terrores máximos do período são rememorados principalmente através da reação comovente de um varredor de rua. Cabe ao leitor seguir os rastros destes acontecimentos no pensamento de Canetti.

A antropologia tardia de Canetti busca a origem de toda manifestação humana e de toda manifestação histórica no ser humano. Com isso, introduz um novo e sóbrio humanismo que tem raízes, depois de Sartre e Heidegger, nos primórdios renascentistas da modernidade. Como modelo de seu pensamento, Canetti cita o antiquário inglês John Aubrey. Aubrey viveu o apogeu do Renascimento inglês e a guerra civil que na época dividia o país. Em seus escritos, lamenta a perda de costumes que tiveram fim com esta guerra, segundo o autor causadora da maior reviravolta histórica desde os romanos. Hoje se conhece Aubrey principalmente graças a seus *Brief Lives*, um compêndio de, ao todo, 426 biografias breves. Foram estes retratos que serviram a Canetti como modelo, quando se achou numa situação histórica similar. O que lhe importa é a concisão de Aubrey, o estilo simples e direto, a vivacidade de seus personagens. O que Teofrasto significou para a invenção do *tipo*, Aubrey significa para a representação do *caráter* real.

De acordo com Oliver Lawson Dick, responsável pela erudita edição de 1949, livro que Canetti provavelmente possuía, Aubrey foi o primeiro autor a criar biografias sem um juízo moral. Tinha a capacidade de conjurar uma pessoa ainda que fosse pela mera enumeração de secos dados ou pelo relato de uma única anedota. Sobretudo, ele se deixa levar pelo que é aparentemente secundário, por trivialidades que conferem à sua coletânea uma incandescente vivacidade. Do filósofo e estadista Francis Bacon, "The Lord Verulam", diz por exemplo: "Era pederasta. Seus Ganimedes e favoritos deixavam-se comprar; mas sua excelência julgava exclusivamente pelo bom e verdadeiro." Com igual clareza Aubrey relata de Descartes: "Era um homem demasiado sábio para que se deixasse estorvar por uma mulher, mas era um homem e tinha o apetite de um homem; por isso mantinha uma bem condicionada e bela mulher, de que gostava, e com a qual teve alguns filhos (creio que eram dois ou três)." Canetti retoma a maneira com que Aubrey anota detalhes eloquentes para, com poucos traços, projetar luz sobre um caráter. Descreve com igual sobriedade a concorrência dos irmãos Maxwell pelo amor de garotos e a curiosa vida matrimonial dos Empson. Ao fazê-lo, recorre à maneira de Teofrasto de descrever tipos. De sorte que constrói sua própria biografia como coletânea de biografias daquelas figuras verdadeiras que conheceu, verdadeiras mas ao mesmo tempo típicas para a época. Há algo essencialmente novo neste procedimento. O leitor avisado reconhecerá em cada personagem características e pontos de vista que esclarecem, por reflexos e correspondências, por repetições e inversões, a personalidade de Canetti. Quer se trate da arte de perguntar de Bertrand Russell, da invisibilidade de Herbert Read, do comunismo de J. D. Bernal ou da maneira com que o gari conduz uma conversa, o leitor sempre se depara com as metamorfoses do próprio Canetti, transformações que dão testemunho de suas vastas afinidades.

A forma de narrar engendra uma rede cerrada de relações. A lista dos autores preferidos de Canetti sugere o tanto que o autor deve à literatura inglesa. Pense-se apenas em Hobbes, cujo *Leviatã* foi concebido como resposta às reviravoltas políticas de seu tempo e cuja filosofia influenciou Canetti. Canetti assimilará não apenas o conceito de Hobbes da sociedade como "guerra de todos contra todos" (*bellum omnium contra omnes*), como também a perspectiva de que a sociedade não se baseia na sociabilidade do ser humano enquanto *zoon politikon*, mas no "medo da morte violenta" (*metus mortis violentiae*). Estabelece-se uma ligação entre o filósofo da revolução e o pensador que abomina qualquer guerra.

A maneira de escrever de Canetti caracteriza-se nestas memórias frequentemente pela proximidade com o diário. O fato possivelmente tenha que ver com o caráter fragmentário dos textos e Canetti certamente teria revisto uma quantidade considerável de passagens. Porém, preservar o verídico e o imediato que distingue a forma do diário parece ser a tendência de toda a sua empreitada. Muito daquilo que outrora atribuiu, num ensaio conhecido, ao gênero das anotações privadas, Canetti retoma-o aqui como recurso do narrar biográfico. Enfatizava então a "violência" de seu caráter, que "no fundo consiste de exageros"; mas não "combate" este traço em seu diário, porque "lhe importam o relevo, a nitidez e a concreção de todas as coisas que caracterizam uma vida". "Agitações" passageiras e ações que nos "envergonham" também têm de ser fixadas por escrito, pois é preciso preservar os próprios erros, sem os desculpar ou mesmo minimizar. Em qualquer oportunidade que se oferece, Canetti vale-se desta psicologia, que tem suas raízes na teoria relativista de Ernst Mach contra as teses de Freud. É ela que confere às memórias da Inglaterra sua força explosiva. Canetti não tem vergonha de revelar os próprios erros, nem de expor seus amigos mais próximos. De fato, uma tal natureza tinha de despertar na Inglaterra, para além de benevolência, também uma forte rejeição, como revela o epíteto satírico que Canetti recebeu de John Baley, "the godmonster of Hampstead". Na Inglaterra, tolera-se qualquer individualista, mas ao mesmo tempo ele é limitado pelas coerções sociais, o que evidentemente só reforça o seu individualismo. Por isso um egoísta continental como Canetti pôde medrar em Londres. A característica que a ele mesmo lhe parecia mais importante, a insistência na própria individualidade, tinha na capital inglesa a melhor chance para desenvolver-se. Não admira que se considerava "inglês por vocação".

Canetti deixa transparecer com frequência o quanto de sua formação deve a seus amigos. O orientalismo de Arthur Waley, os conhecimentos históricos de C. V. Wedgwood e a antropologia de Franz Steiner pertencem às fontes em que colhia o seu saber. Por trás de cada pessoa com que Canetti travou relações, há uma biblioteca invisível, seja esta pessoa um poeta e crítico como William Empson ou um jovem descendente de uma família culta como Aymer Maxwell, o amigo nobre de Canetti que cresceu com o avô, o barão idoso *Sir* Herbert Maxwell, que se dedicava inteiramente à escrita de livros e à arte. Cada um dos eruditos que Canetti enumera não era apenas típico, mas também uma, senão *a* capacidade em sua área, e alguns descendiam das primeiras famílias. A seleção de Canetti define muito precisamente a relação entre nobreza, intelectualidade e política que naqueles anos era típica para a vida culta da Inglaterra.

Quem quer compreender as experiências de Canetti teria de ler os livros que estão por trás de suas figuras. Suas preferências entre as traduções de Waley aludem a simpatias que o próprio Canetti jamais formula diretamente. Os poemas de Po Chu-i atestam a postura política do próprio autor. O texto curto "A Protest in the sixth year of Chien Fu" soa quase como uma antecipação das teses de Canetti em *Massa e poder*:

> The hills and rivers of the lowland country
>   You have made your battle-ground.
> How do you suppose the people who live there
>   Will procure "firewood and hay"?
> Do not let me hear you talking together
>   About titles and promotions;
> For a single general's reputation
>   Is made out of ten thousand corpses.[1]

---

1. As colinas e os rios das terras baixas/ transformastes em vosso campo de batalha./ Como penseis que as pessoas que ali vivem/ conseguirão "lenha e palha"?/ Que não vos ouça falar de títulos e promoções; pois a reputação de um único general/ é feita de dez mil cadáveres. [N.T.]

A orientação sociológica do pensamento chinês transparece mesmo na lírica que, neste caso, reproduz com rara clareza a unidade estrutural de *Massa e poder*, hierarquia e morte, condecoração e exploração. Na biografia de Waley, *The Life and Times of Po Chu-i*, publicada em 1949 e muito estimada por Canetti, o autor relaciona de modo brilhante as convicções do poeta em relação a sua vida. No ano de 844, Po Chu-i sugeriu que se reforçassem as margens de um rio que colocava em perigo a vida de marinheiros e carregadores:

> Ships and barges when passing through this point frequently capsized and were damaged or destroyed. Often in the depth of winter the cries of the sailors or coolies harnessed to the boats, who had been flung into the freezing water bare foot and scantily clad, could be heard all night. I had long been determined, if it should ever be in my power to do so, to help these unfortunate people [...].[2]

No esforço vitorioso de remediar o mal, reconhece-se um ideal da ação social, segundo o qual a comunidade subordina posição e poder a uma boa causa.

Os amigos mais íntimos de Canetti eram frequentemente *outsiders* num certo sentido. Provinham muitas vezes da chamada *celtic fringe* — ou seja, da Cornualha, do País de Gales, da Irlanda ou da Escócia —, eram católicos, uma minoria por muito tempo perseguida na Inglaterra, ou quacres. Este círculo de amigos contribuiu para determinar o olhar de Canetti sobre a Inglaterra. Eram *outsiders* a irlandesa Iris Murdoch, a adepta do paganismo mágico Kathleen Raine, C. V. Wedgwood, que cresceu em círculos quacrianos e que com sua natureza sensível não conseguia se adaptar à sociedade inglesa, mas também os irmãos escoceses Maxwell, crescidos e educados na Apostolic Church e cuja homossexualidade era naquela época ainda perseguida pela polícia. Os laços estreitos de amizade

---

2. Com frequência, navios e barcaças soçobravam quando passavam por este ponto e eram danificados ou destruídos. Muitas vezes se ouviam, no coração do mais atroz inverno, por toda a noite os gritos dos marinheiros ou cules atados aos barcos, que haviam sido arremessados à água gelada descalços e apenas escassamente vestidos. Há muitíssimo tempo já estava determinado a ajudar esta gente desafortunada, se um dia estivesse em meu poder [...]. [N.T.]

que uniam Canetti a *outsiders* tão ciosos da tradição como autoconfiantes, pessoas que ao mesmo tempo representavam por berço ou profissão todo o poder do sistema estabelecido, permitiram-lhe vistas de dentro da sociedade inglesa, como raramente se oferecem a estrangeiros.

Canetti adota de preferência o ponto de vista do *Hampstead intellectual*, que não participa da guerra, conhece a vida campestre apenas superficialmente, faz a viagem à Escócia, obrigatória desde Dr. Johnson, mas que no fundo experimenta a Inglaterra como cosmopolita. Praticamente não estabelece diferença entre Londres e a Inglaterra e tem pouco senso das diferenças dos condados. Não admira que sua farsa sobre a excursão para a Escócia lembre Evelyn Waugh, e o episódio embaraçoso do diamante, tecido com tanto tato, um incidente em Henry James. O mito de Blake evocando *England's green and pleasant land*, fundamental para a ideia que a ilha faz de si mesma, não interessa a Canetti nas memórias. Em compensação, estabelece uma relação com o conceito do *New Jerusalem* dos ingleses, quando, na figura do cemitério anglicano de Church Row, presta uma homenagem implícita aos túmulos de seu próprio povo. Em quadros e reflexões deste tipo, vale-se preferencialmente de uma técnica pictórica para representar novos pontos de vista e corrigir preconceitos, iluminando determinados objetos e obscurecendo outros.

Quando os ingleses caracterizam seu país, pensam em fenômenos como parlamento e sistema de classes, tolerância e justiça, cidade e campo, tempo e comida, e controle dos sentimentos. Canetti sabe disso, mas acrescenta seu próprio acento. Quer diferenciar, quer descobrir relações ocultas. Em vez de discutir as diferenças de classe, tão importantes para os ingleses, observa um sistema de castas caracterizado por hierarquias sutis que se manifesta na soberba inglesa. Em vez de investigar a história da frieza emocional, contenta-se com uma indicação e procura relacionar a variante moderna do fenômeno com a sociedade. O que principalmente importa a Canetti é o modelo da sociabilidade inglesa, e ele o encontra na festa.

As festas, que Canetti descreve com tanto afinco e às quais erige um delicioso monumento com a definição "festas de não-contato", são uma invenção relativamente recente. Remontam às *cocktail parties* dos anos 1930 e eram, até os anos 1960, essenciais à vida social inglesa. No século XVIII, os literatos londrinos encontravam-se em cafés, mas esta tradição já não existia nos tempos de Canetti. Os emigrantes procuravam resgatar seu mundo perdido no Cosmo da Finchley Road ou no Coffee Cup, o café preferido de Canetti, que ainda hoje existe em Hampstead. Era ali que Canetti recebia sua corte. Seus jovens amigos ingleses tratavam-no como "mestre", como "sábio", até como "Sócrates moderno", que reunia os "discípulos" à sua volta. Para o inglês, o que continuava a contar eram, por um lado, os *pubs*, onde todos entram, e, por outro, os clubes mais seletos, que só admitem sócios; Canetti omite também este mundo, com exceção de um único *pub* exclusivo.

De fato, qualquer reunião maior descrita por Canetti pode ser compreendida como festa — não apenas as festas propriamente ditas, mas também os *dinner parties* e mesmo a *country house party* na Escócia. Os limites são fluidos. Uma forma estrita como um *weekend in the country* pode incluir *dinner parties, tea parties* e *shooting parties*. Mesmo a viagem a Marrakesh, que Canetti fez em 1954 na companhia de Aymer e outros amigos, pode ser entendida como *travelling party*. Seria temerário ligar a instituição da *party*, descrita por Canetti, com o surgimento dos partidos políticos no parlamento inglês depois da revolução, mas chama a atenção a semelhança morfológica das comunidades de interesses que dominam a vida na Inglaterra. Cabe supor que a menção por Canetti desta época conturbada permite inferir esta analogia ou outras semelhantes.

Nos tempos de Canetti, davam-se festas ou *dinner parties* em qualquer ocasião. Diana Spearman, uma anfitriã do tipo pelo qual Canetti se sentia especialmente atraído, dispunha da formação e dos meios para reunir em seus jantares um círculo considerável de políticos e intelectuais. Era conhecida como autora de diversos livros sobre a política e trilhou com sua sociologia do romance, que trata também do *Romance do Genji*, traduzido por Waley, um novo caminho na teoria literária inglesa. É de supor que Diana Spearman tenha arranjado o encontro de Canetti com Enoch Powell. Uma outra vez juntou Karl Popper e Enoch Powell, porque Popper lhe dissera que os poemas de Powell lembravam Goethe. Popper, incitado por Diana Spearman, repetiu o elogio no jantar, mas ficou embaraçado quando Powell perguntou em *qual* dos poemas de Goethe estava pensando particularmente. Mais tarde, Diana Spearman organizou uma noite para Canetti a fim de apresentá-lo a Mary Douglas, que publicara uma análise da caça na tribo africana dos Lele, a qual muito impressionou Canetti. Os resultados encontram-se em seu tratamento da malta de caça em *Massa e poder*. Desenvolveu-se uma amizade entre os dois e Mary Douglas começou por sua vez a convidar Canetti para *dinner parties*. Numa dessas ocasiões, o escritor mostrou um entendimento rápido das teses que Mary Douglas na época pensava expor em *Purity and Danger*. Houve na sequência encontros com estudantes de Mary Douglas num *pub* em Hampstead e Canetti foi também a uma *student party* no University College, onde a antropóloga ensinava. Sobre a obra principal de Canetti, que não gozava da estima de Mary, não falavam. Viram-se pela última vez numa grande festa de despedida que os amigos de Canetti organizaram em algum lugar em Hampstead, quando o escritor — agora um Prêmio Nobel mundialmente conhecido — deixava a Inglaterra em definitivo.

Os principais interesses de Canetti sofreram distorção grotesca quando de sua irada descrição da festa em que os maiores antípodas líricos, T. S. Eliot e Dylan Thomas, leram seus poemas. É aqui que Canetti vê simbolizados os conflitos que determinam a vida inglesa. Os poetas representam respectivamente Londres e a província, as culturas inglesa e celta, o conservadorismo e a revolução, a frieza emocional e o sentimento, e, por fim, os antagonistas lembram também os *roundheads* republicanos de Cromwell e os *cavaliers* reais. Eliot encarna para Canetti, além disso, a orientação específica da igreja anglicana, que aparentemente lhe repugna. Suas simpatias pertencem sem dúvida às seitas e aos sectários, tão numerosos na Inglaterra. Tudo aquilo que o autor abomina em sua amada Inglaterra parece-lhe corporificado na figura de Eliot.

Em vez de preocupar-se com análises — não importa se da psique de Eliot ou da sua própria —, Canetti expressa seu sentimento em relação ao grande poeta e crítico da época, sem se importar se sua diatribe é socialmente aceitável. Trata-se de uma descarga, do máximo contraste com a cultura que, de acordo com Canetti, é representada por Eliot, a cultura da frieza emocional. Canetti não se rebaixa a discutir o antissemitismo de Eliot, como se fosse possível isolá-lo, tampouco o cita, sustentando que também os nazis tinham de ser tolerados. Em vez disso, ataca o ser humano Eliot, toda a sua obra e todo o seu ser. Cada uma das palavras é certeira, cada frase se reporta a um ensaio ou um poema.

John Hayward, o amigo de Eliot de quem Canetti não lembra com muita simpatia, elevou o autor de *The Waste Land* [*A terra devastada*] ainda em vida a um crítico da classe de Dryden, Johnson e Coleridge. Canetti ataca esta instância tão suprema com ferocidade implacável. Contraria o ensaio sobre Blake, que normaliza a originalidade do grande romântico uma vez que atribui sua peculiaridade à peculiaridade de toda grande poesia (*the peculiarity is seen to be the peculiarity of all great poetry*); depois se opõe a "What is a classic?", onde Dante não aparece como poeta do inferno, mas apenas como criador de uma nova língua; e finalmente critica a postura do inglês em relação a Goethe, ou seja, a negação em primeira instância da grandeza do poeta alemão e a admissão posterior, ao ser ele próprio condecorado com o Prêmio Hanseático Goethe. Quando Canetti acusa Eliot de "impotência emocional", ataca-o no ponto nevrálgico. É notório que *A terra devastada* reflete as dificuldades do poeta com sua primeira mulher. Como Eliot observa em seu devastador acerto de contas com Milton, a guerra civil inglesa jamais teve um fim, e a invectiva de Canetti — como, aliás, toda a sua polêmica em torno da vida sentimental inglesa — também tem de ser entendida nesta perspectiva. Ao traçar a linha que une a Guerra dos Trinta Anos à Revolução Inglesa, reconhece também a sobrevivência da guerra civil nas lutas pelo poder da vanguarda e nos movimentos de massa da Segunda Guerra Mundial. Um homem como Eliot representava a seus olhos o lado errado, não só culturalmente. No entanto, Canetti vale-se implicitamente de uma ideia fundamental de Eliot: ele teria iniciado uma *dissociation of sensibility* depois dos elisabetanos, ou seja, aquela dissociação de intelecto e sentimento que Canetti não se cansava de criticar. Porém, a possibilidade de que o próprio autor dos *Four Quartets* pudesse ter sido uma vítima desta trágica cisão não é ponderada.

A disposição de Canetti para a amizade e o amor encontrava-se em forte antinomia com sua natureza de solitário. As tenções originárias deste conflito impulsionavam-no constantemente em direções opostas e provavelmente o teriam despedaçado se não tivesse adotado o princípio da metamorfose que o preservaria da destruição. Neste sentido, os personagens da autobiografia são as transmutações do próprio Canetti, ele é a pessoa a quem ama e odeia. É fácil censurá-lo; compreendê-lo provavelmente será uma empresa mais difícil.

A maneira de enfatizar, igualmente derivada em grande parte do princípio da metamorfose, de distribuir luz e sombra de uma forma chocante, quase cruel, em prol de uma justiça distributiva, pode ser reconhecida no tratamento dos "meninos solares" Aymer e Gavin Maxwell, bem como no da poeta Kathleen Raine. Os três pertenciam ao círculo mais íntimo de Canetti. Em sua autobiografia, *The Lion's Mouth*, publicada em 1977, Raine descreve com pormenores seu amor por Gavin e recorda-se com generosidade do papel de Canetti como conselheiro. Ele reconheceu a impossibilidade deste amor, preveniu-a contra ele e depois, quando a história ameaçava tomar um rumo trágico, salvou os amigos do pior. Gavin, por sua vez, também reconheceu a intermediação do escritor, num escrito relatado por seu biógrafo Douglas Botting, mas quando Botting indagou mais detalhes de Canetti, este se recusou a dar qualquer outra informação: "Gavin falou-me dele — nunca tive sua permissão para contar a outrem aquilo que me dizia."

A afinidade eletiva que unia Canetti aos irmãos Maxwell manifestava-se nos assuntos grandes e pequenos da vida. Os três sofriam com a morte precoce do pai. O acaso também quis que os irmãos — como, aliás, Franz Steiner e H. G. Adler — compartilhassem o interesse de Canetti por borboletas e traças. Nas memórias, Canetti corrige a desigualdade que se estabeleceu entre os irmãos ao atribuir a Aymer um pouco do brilho e do aventureirismo de Gavin. O estilo de dirigir de Gavin era famigerado, e como observa Douglas Botting, Gavin lembra-se de uma conversa com Canetti sobre o assunto, ocorrida durante uma viagem à Escócia.

"Gavin, Gavin", Gavin gleefully mimicked Canetti's English accent, "do you really have to identify with a motor car in this way? I mean, when the car goes fast, do you feel fast? When it goes slow, do you feel slow? When it breaks down, do you feel broken down?" "Yes, all of those things."[3]

---

3. "Gavin, Gavin," Gavin imitava divertido o acento inglês de Canetti, "você realmente tem de se identificar deste modo com um automóvel? Quero dizer, se o carro vai rápido, você se sente veloz? Se vai devagar, você se sente lento? E se o carro quebra, você se sente quebrado?" "Sim, tudo isso." [N.T.]

Porém, não é Gavin, mas o amigo e mecenas dos anos de necessidade, *Sir* Aymer Maxwell, representante vivo de uma família que aparece em Shakespeare, que Canetti identifica com a característica que os futuristas associaram à modernidade, a velocidade. Por fim, empresta os olhos de Aymer para concluir seu retrato explosivo de Iris Murdoch.

A existência agitada de Canetti na Inglaterra teria sido impensável sem Veza. Não fica muito claro o quanto ela significava para ele, ainda que uma ou outra insinuação permita inferir que ainda estava demasiado próxima, demasiado viva para que pudesse entrar nesta galeria pública. Para arrematar o quadro, seria contudo necessário evocá-la brevemente, sua pessoa espirituosa, fogosa e caracterizada pela compaixão. O que caberia dizer sobre ela? No máximo aquilo que muitos de seu círculo sabiam por experiência própria sobre Veza e Canetti. Já em Viena, quando do seu casamento, o ardor da primeira paixão pertencia ao passado. Em compensação, o acordo seguia firme e era, apesar de todas as adversidades, um acordo absoluto. Veza tolerava as idiossincrasias de Canetti, conhecia seus defeitos, fomentava seus dons, e ele respondia com tudo que podia oferecer. Compartilhavam a mesma língua, o ladino, pelo qual o casal criou um laço que não permitia a mínima intromissão de terceiros. Mesmo na presença de amigos, o ladino servia de língua secreta. Veza orgulhava-se de sua posição como esposa de Canetti, mas aceitava as outras relações. Com Marie-Louise tirou algumas fotografias jocosas em Amersham. Numa das fotografias, Veza está sentada diante do retrato "A espanhola", muito semelhante a ela, a seu lado está Marie-Louise com o maravilhoso "Autorretrato de chapéu vermelho", com o qual presenteou Canetti. Iris Murdoch amava Veza e estimava o seu espírito, que não se deixava intimidar nem mesmo pela natureza de Canetti. Veza era capaz de controlar o marido com sua língua afiada, com seu espírito vivo e podia até zombar de suas ideias fixas. Canetti escreveu certa vez que *Massa e poder* era também obra dela, que seu papel intelectual na concepção do livro teria sido tão grande quanto o dele, já que não haveria uma única sílaba na obra sobre a qual não tivéssem refletido juntos. Com a publicação do livro, consumou-se o sacrifício de Veza, cumpria-se o sentido da salvação do casal. Quando morreu, a vida tornou-se insuportável para Canetti. Como confessa no capítulo sobre Church Row, renunciou ao que disse em *Massa e poder* sobre os cemitérios e os sentimentos que provocam e igualou, no luto, seu ponto de vista ao dela. A estada na Inglaterra chegara ao fim. Canetti sentia-se atraído por Zurique e como que por um milagre, salvo mais uma vez, começou uma nova etapa de sua vida.

Este momento decisivo, quando a morte quase o alcançou, determina a perspectiva das memórias da Inglaterra, consagradas predominantemente, ao que tudo indica, aos primeiros dez ou vinte anos, antes que Canetti se tornasse notório na Alemanha por seu livro *Massa e poder*. Nas partes críticas, nas partes de suas memórias escritas por último, em que Canetti polemiza contra T. S. Eliot e Iris Murdoch, soma-se à perspectiva da própria transitoriedade a sua visão sobre a época do governo de Margareth Thatcher, visão esta adquirida mais a distância do que pela observação imediata. Canetti compartilha a ira contra esta mulher com a esquerda inglesa, assim como com muitos liberais dos anos 1980, mas o seu objetivo é outro. Clarividente, reconhece um nexo entre muitos fenômenos dos anos 1930 e 1940 e as mudanças dos anos 1980 e 1990. Como, porém, não lhe foi mais concedido o tempo de perseguir essas ideias, o viés fica um tanto aquém do efeito desejado.

Muito da crítica que Canetti levanta nesse contexto permanece em estado de esboço. Uma certa tendência continental de essencializar povos tinge a visão dos ingleses e faz com que Canetti acabe vinculando fenômenos de natureza diversa, os quais, num desenvolvimento mais detalhado, talvez tivesse diferenciado, e evidentemente permanece em aberto até que ponto teria corrigido suas próprias injustiças. O argumento de que a Inglaterra teria dado "o seu melhor" na guerra mundial e estaria desde então em processo de decadência foi assaz defendido por Corelli Barnet, mas também tem opositores fortes. A pretensão de Canetti é traçar um arco entre este suposto fenômeno e Enoch Powell e o tempo de governo de Margareth Thatcher. Neste intuito, exagera no que concerne o sucesso de Powell e esquece que a carreira do político terminou abruptamente depois de seu discurso acerca dos *rivers of blood*. A sociedade inglesa fez um juízo distinto daquele que Canetti presume. Sua visão no que diz respeito a Thatcher também parece problemática hoje e põe-se demasiado em evidência pela oposição a Thatcher e a C. V. Wedgwood. É verdade que capta os excessos da *me generation* (que evidentemente não vestia ternos riscadinho, mas Armani), mas não a campanha desta contra a frieza emocional, que se manifestou mais claramente na comoção pública quando da morte de *Lady* Diana, Princesa de Gales. Ansiava-se agora por aquilo que chamavam de *touchy feely*, ou seja, por contato e sentimento. A reviravolta ocorreu também e em grande parte pela integração da cultura continental de sentimentos, tal qual a defendiam pessoas como Canetti. Em um ponto essencial, porém, Canetti tem razão. Com a revolução dos anos Thatcher teve início uma nova mentalidade; a *sua* Inglaterra estava em via de desaparecer. O reinado dos *Hampstead intellectuals* chegara ao fim. Canetti associa assim sua despedida também a uma cesura histórica, que lhe permite expor maus costumes enquanto manifestações da decadência. A intenção é, por um lado, estruturar suas memórias e inseri-las num âmbito maior e, por outro, a adoção de um ponto de vista satírico. Como seu amado Swift, o "egoísta louco", Canetti associa "doçura e luz" ao passado, e "sujeira e veneno" à modernidade, valendo-se para tanto do meio da distorção, em prol de uma agudeza moral.

Canetti dissipava sua capacidade para a amizade, a capacidade de ouvir, sua solicitude com tão generosa intensidade que suas melhores qualidades corriam muitas vezes o perigo de se distorcer, a bem da autopreservação, a ponto de transformar-se em seu contrário. Então não ouvia. Não ajudava. Sumia. Veza comentava o comportamento com uma citação de Goethe: "Onde há muita luz, há muita sombra."

Esta singular dialética no ser do escritor revela-se no retrato devastador de Iris Murdoch. O quanto estimava Iris, Canetti deixa transparecer no quadro que traça de Franz Steiner. No momento em que a chama de "poeta", ainda que de "poeta ilegítima", fica além disso patente que a trata como personalidade marcante, como oponente digno. Contra esta pessoa outrora amada, que pensa conhecer tão bem quanto a si mesmo, desfere um ataque implacável, brutal até, como se quisesse destrinchar cada uma das fibras de seu ser. As injúrias de Canetti lembram as diatribes da Reforma ou o olhar de certos pintores. Ele próprio menciona Memling, mas também empresta o olhar desfibrador de Marie-Louise, que em tempos retratara Iris, e finalmente representa a filósofa, numa lembrança malévola de um encontro de ambos no Kunsthistorisches Museum de Viena, como uma figura de Breughel. Muito mais ainda que no caso de Eliot, este retrato abunda em alusões. Uma vez que a injúria de Canetti concebe Iris como sua antípoda, esta injúria expõe sua própria natureza. É difícil chegar a um juízo sereno sobre este retrato amargo, em parte por causa do efeito de choque, que não diminui nem mesmo com várias releituras, e em parte por causa da perspectiva que entrelaça a natureza de Canetti com a de Iris. Tem-se a impressão de uma inversão satírica de Canetti. E mesmo assim, permanece tudo suspenso. Cada uma das palavras estremece em irritação. Canetti não busca en Iris o mal de que seres humanos são capazes, Iris que como Platão quer o bom e o belo, mas no próprio olhar, na própria insignificância. Só a partir desta perspectiva é possível legitimar a crítica em relação a Iris, à Inglaterra, à filosofia desde Platão, que apenas teria interpretado nosso mundo.

No retrato reconhece-se, pois, também o artista pensante que, depois de sua viagem pelo país da suposta falta de sentimentos, nos franqueia, como ato derradeiro, a sua emoção imediata.

Jeremy Adler

Nota à edição alemã

No espólio de Elias Canetti (Ruschuk, Bulgária 25/7/1905 — Zurique, 14/8/1994) encontram-se os seguintes fragmentos para um livro com as memórias acerca dos anos ingleses:

A. Um manuscrito estenográfico dos meses de outubro de 1990, janeiro e novembro de 1991.

B. Um manuscrito predominantemente estenográfico de julho e agosto de 1992. Este é o *corpus* mais abrangente, ao qual foram incorporados, em sua maior parte, os textos do item A.

C. Um compilado de anotações e diários dos períodos de fevereiro a abril e de agosto a novembro de 1993, em que se encontram também passagens que se referem à Inglaterra. Estas anotações também são em sua maioria estenográficas. Com exceção das passagens que Canetti identificou expressamente como "diário", embargando-as até trinta anos depois de sua morte, este compilado contém dois conjuntos de fragmentos acerca do tema da Inglaterra: a continuação das descrições de pessoas (parcialmente em estado de esboço) e um texto contínuo, em que o autor expõe e ao mesmo tempo resume o livro planejado sobre a Inglaterra.

D. Uma cópia datilografada de mais ou menos metade dos textos do item B que Canetti ditou a sua filha em 1994, com base nos manuscritos estenográficos.

Depois da morte de Canetti, Florindo Tarreghetta procedeu, a mando de Johanna Canetti, a uma transcrição dos textos mencionados nos itens A, B e C, criando assim a base textual desta edição.

A edição presente começa com a parte que Canetti escreveu por último: a segunda metade de C (pp. 7-28). Segue-se — depois de um trecho de A (pp. 29-36) — a reprodução de B (pp. 37-155). É a parte mais avançada, mas como Canetti a chama ainda assim de "redação provisória e desordenada", ordenaram-se os fragmentos de modo que resultasse uma sequência lógica; para a correção de erros utilizaram-se A e D. Foram inseridas de A ainda as seguintes passagens complementares: pp. 7-15, 20-112. O grande trecho sobre Franz Steiner (pp. 15-120) já foi publicado postumamente em *Akzente 3*/1995 (reimpressão em Elias Canetti, *Aufzeichnungen 1992-1993*, Munique, 1996). O texto em questão remonta a um manuscrito que Canetti preparou por ocasião de um primeiro dossiê especial sobre Steiner (1992), mas que finalmente não liberou para a impressão. O final do presente volume é constituído pela primeira metade de C (pp. 155-88).

Em caso de divergências, deu-se preferência à última variante. Palavras indecifráveis indicam-se por colchetes com reticências: [...]. Abreviações de nomes foram completadas onde possível e a grafia equivocada de nomes corrigida, uma vez que a escrita estenográfica de qualquer modo não permite identificar detalhes ortográficos.

Uma edição póstuma obedece a critérios distintos dos de uma edição em vida. Embora o próprio Canetti não tenha acrescentado a seus livros autobiográficos quaisquer textos explicativos, há aqui um índice onomástico e algumas notas explicativas.

A edição deste volume não teria sido possível sem a ajuda generosa de Johanna Canetti. Agradecemos ainda a colaboração, no que concerne à edição do texto e à pesquisa de dados, de Julia Breimeier (Munique), Roberto Calasso (Milão), Sven Hanuschek (Munique), Susanne Hornfeck (Munique), Jill Lloyd (Londres), Peter von Matt (Zurique) e Hans Reis (Bristol).

Apêndice

9   HEATH: Hampstead Heath, grande parque público ao norte de Londres. Frequentado no século XIX por poetas como Coleridge e Keats. Na proximidade imediata do parque, no bairro de Hampstead há os seguintes endereços: Downshire Hill, 8 Thurlow Road (domicílio principal de Canetti até os anos 1960, segundo domicílio até 1988), Casa de Keats.

10   SHAKESPEARE: William Shakespeare (1564?-1616), maior dramaturgo inglês.
JONSON: Ben Jonson (1572-1637), dramaturgo inglês, criador da *Comedy of Humours*.
JOHN DONNE (1572-1632): converteu-se à Igreja Anglicana e tornouse decano da St. Paul's Cathedral de Londres. Figura central dos chamados poetas metafísicos. A lírica de amor e os poemas religiosos foram publicados postumamente (1633). Foram publicadas também várias coletâneas de seus sermões.
MILTON: John Milton (1608-1674), puritano, autor do lamento fúnebre *Lycidas* (1637), entre outros; escreveu numerosos sonetos; sua obra mais famosa é *Paradise Lost* (1667).
DRYDEN: John Dryden (1631-1700), poeta e crítico, autor de dramas heroicos e comédias. Teve papel determinante para o estilo da prosa inglesa.
SWIFT: Jonathan Swift (1667-1745), padre irlandês, escritor e poeta satírico. Escreveu, entre outros, *The Battle of the Books* (1704), *A Tale of the Tub* (1704), *Journal to Stella* (1710-13), *Gulliver's Travels* (1727) e o panfleto amargo *A Modest Proposal* (1729).
BURTON: Robert Burton (1577-1640), clérigo, autor de *The Anatomy of Melancholy* (1621-1651).

Sir Thomas Browne (1605-1682): médico. Publicou *Common Errors* (1644) e escreveu diversas obras acerca de religião, antropologia e história natural. Como autor, é estimado principalmente por seu estilo.
John Aubrey: (1626-1697), antiquário, biógrafo e antropólogo. Autor de diversos escritos. Hoje conhecido principalmente por *Brief Lives*, livro publicado postumamente (1813, 1898, e 1949).
Bunyan: John Bunyan (1628-1688), soldado, depois pregador. Passou vários anos na prisão. Sua alegoria *The Pilgrim's Progress* (1678-84) é muito lida na Inglaterra e tida como literatura popular.
George Fox (1624-1691): fundador da seita dos quacres. Seu livro *Journal* (1694) descreve sua doutrina, suas visões e perseguições, bem como a prisão por causa de sua fé.
Hobbes: Thomas Hobbes (1588-1679), filósofo. Escreveu, entre outros, *Human Nature* (1650), *De Corpore* (1655) e *Leviathan* (1651).
Eliot: Thomas Stearns Eliot (1888-1965), poeta e crítico, nascido nos Estados Unidos, a partir de 1814 viveu na Inglaterra. Trabalhou como funcionário de banco, editor da revista *Criterion*, e, a partir de 1925, como diretor da editora Faber & Faber. Em 1948 ganhou o Prêmio Nobel. Autor de *The Waste Land* (1922) e *Four Quartets* (1933-1942) e de dramas como *Murder in the Cathedral* (1935), *The Family Reunion* (1939) e *The Cocktail Party* (1950).
Laforgue: Jules Laforgue (1860-1887), poeta francês. Influência importante de Pound e Eliot.
Conterrâneo perdulário: Ezra Pound (1885-1970), poeta e crítico. Mecenas de T. S. Eliot. Publicou, entre outros, *Personae* (1909) e o grande ciclo *Cantos* (terminado em 1970). Por causa de suas opiniões foi muitas vezes tido como louco.
Die Blendung: romance de Elias Canetti publicado no ano de 1935 em Viena (tradução inglesa: *Auto da Fé*, de C. V. Wedgwood, 1946; tradução brasileira: *Auto-de-fé*, de Herbert Caro, São Paulo: Cosac Naify, 2004).
Tom: T. S. Eliot
Virginia: a escritora inglesa Virginia Woolf (1882-1941).

11 DYLAN: Dylan Thomas (1914-1953), poeta inglês, nascido no País de Gales. Durante a Segunda Guerra Mundial, fez trabalhos esporádicos para a BBC e viagens de palestras aos Estados Unidos.
NOS PRIMEIRÍSSIMOS TEMPOS: "Em agosto de 1939, eu morava em Londres no ateliê de uma boa amiga, a escultora Anna Mahler (filha de Gustav Mahler). Ela tinha viajado e deixou o ateliê comigo pelo tempo de sua ausência." (Elias Canetti, numa carta a Roberto Calasso, de 20 de janeiro de 1973.) Os apartamentos de Canetti em Londres foram (nesta ordem): Hyde Park Gardens, 31 (W2); King Hery's Road, 118 (NW3); Crawford Street, 14 (W1); Thurlow Road, 8 (NW3) (de acordo com Steffen Pross, *In London treffen wir uns wieder*, Frankfurt, 2000).

12 EMPSON: William Empson (1906-1984), crítico e poeta, estudou com I. A. Richards, lecionou na China e no Japão. Professor em Sheffield. Sua obra principal, *Seven Types of Ambiguity* (1930), foi decisiva para a moderna crítica literária inglesa. Cf. também *Some Versions of Pastoral* (1935) e *The Structure of Complex Words* (1951); vide pp. 63ss.

14 ARTHUR WALEY (1889-1966): poeta, sinólogo e estudioso da língua e cultura japonesas. Suas traduções de lírica chinesa tiveram grande influência. Ocupava posto superior no departamento gráfico do British Museum. Amigo de muitos membros do Círculo de Bloomsbury; vide pp. 96ss.

15 KATHLEEN RAINE (nascida em 1908): poeta lírica e erudita, fundadora da Temenos Academy de Londres, vários volumes de poesia, quatro volumes de autobiografia; vide pp. 67ss.
JOHN HAYWARD (1905-1965): editor e bibliófilo. Assessor da Cresset Press, diretor editorial de The Book Collector. Editou, entre outros, ensaios escolhidos de T. S. Eliot e uma coletânea de poemas de John Donne.

16 AMERSHAM: pequena cidade situada 50 km ao noroeste de Londres, no condado de Buckinghamshire.
FRANZ STEINER: Franz Baermann Steiner (1909-1952), poeta e etnólogo. Em 1936, morou em Londres, no âmbito de seus estudos de

etnologia. Em 1937, conheceu, por intermédio de H. G. Adler em Viena, Elias Canetti, que mais tarde o incitaria em diferentes momentos às suas atividades literárias. Em 1938, volta à Inglaterra. Retoma a amizade com o casal Canetti imediatamente após a chegada em Londres. Autor de uma dissertação sobre a escravidão. Em 1951, teve um relacionamento com Iris Murdoch; vide pp. 114ss.

KAE HURSTHOUSE: noiva de Franz Steiner, teve contato com Canetti principalmente nos anos 1940 e 1941; em 1940 teve aulas de alemão com Canetti.

STUDENT MOVEMENT HOUSE: fundada em 1917, em memória aos estudantes mortos durante a Primeira Guerra Mundial; vide também p. 120.

L. H. MYERS (1881-1944): escritor, temporariamente membro do Círculo Bloomsbury; suicidou-se.

PHILIP TOYNBEE (1916-1981): romancista e jornalista. Membro da redação de *The Observer*, fez contribuições para *New Statesman* e *Horizon*.

17 EDITOR DA PUTNAM'S: Constant Davis Huntington (1876-1962), editor da G. P. Putnam's Sons, Londres.

ALFREDA: Alfreda Huntington (nascida em 1922), casada com Brian Urquart.

IALTA: mansão "Ialta" em Tiefenbrunnen, nas imediações de Zurique; Canetti viveu nesta casa em 1919, quando frequentava a escola em Zurique; vide *A língua absolvida*, parte 5.

ERNST GOMBRICH (1909-2001): historiador da arte austríaco-inglês, teórico da percepção sensorial/sensitiva. Sua mãe Leonie foi pianista, discípula de Bruckner. Em 1937 mudou-se para a Inglaterra. Durante a Segunda Guerra Mundial, trabalhou no Monitoring Service da BBC. Seu livro *A Story of Art* (1950) foi traduzido para muitas línguas e vendeu cerca de 6 milhões de exemplares.

MINHA MULHER: Veza Canetti, nascida Venetiana Taubner-Calderon (1897-1963); vide nota referente à p. 40.

18 HÁ CINCO ANOS: Canetti conservou a residência em Turlow Road, 8, até 1988, e passava ali (em revezamento com Zurique) vários meses do ano.

19 I. A. RICHARDS (1893-1979): crítico e poeta. Fez em 1929 uma viagem pela China. Seus livros *Principles of Literary Criticism* (1921) e *Pratical Criticism* (1928) fundaram a moderna crítica literária inglesa. Em conjunto com C. K. Odgen escreveu obras filosóficas e linguísticas como *The Meaning of Meaning* (1923).

20 FRIEDL: Friedl Benedikt (1916-1953), vide Elias Canetti: *Das Augenspiel* (Munique, 1985; em português: *O jogo dos olhos*, tradução de Sérgio Tellaroli, São Paulo, 1990). Imigrou em 1939; publicou três romances, todos dedicados a Elias Canetti. Sepultada em Grinzing, nos arredores de Viena.

22 AYMER: Aymer Maxwell (1911-1987), ajudou Canetti financeiramente, fez várias viagens com ele, entre outras aquela de 1954, a Marrakesh; vide Elias Canetti: *Die Stimmen von Marrakesch*. Munique 1967 (traduções brasileiras de Marijane Lisboa: *As vozes de Marrakech*, Porto Alegre, 1987 e, mais recentemente, de Samuel Titan Jr.: *As vozes de Marrakech*, São Paulo, 2006); vide pp. 71ss e 176ss.

GAVIN: Gavin Maxwell (1914-1968), viajante e escritor, alcançou fama mundial com seu livro *Ring of Bright Water* (Londres, 1960), que também foi adaptado para o cinema.

23 VERONICA WEDGWOOD: Cicely Veronica Wedgwood (1910-1997), historiadora e autora de livros, de 1951 a 1957 presidente do PEN inglês, oficial da ordem Orange-Nassau; vide p. 110ss.

LEITH HILL: popular destino de excursões, situado perto de Guilford, no condado de Surrey, sul da Inglaterra.

24 JONATHAN CAPE (1879-1960): fundou em 1921 a editora que porta o seu nome.

ISHERWOOD: Christopher Isherwood (1904-1986), escritor e poeta lírico. Autor de *Goodbye to Berlin* (1939).

25 MACAULAY: Thomas Babington, *Lord* Macaulay of Rothley (1800-1859), autor da incompleta *History of England*, obra considerada magistral.

TREVELYAN: George Macauley Trevelyan (1876-1962), historiador, um dos últimos representantes do liberalismo histórico.
FRANCIS GALTON (1822-1911): cientista, primo de Darwin, entre outros feitos importantes, fundou a eugenia.
LESLIE STEPHEN (1832-1904): clérigo, e mais tarde crítico.

26 DIANA SPEARMAN: autora de livros, entre outros de *Modern Dictatorship* (1939) e *Democracy in England* (1957); vide pp. 103ss.
MAXWELL-FYFE: David Maxwell-Fyfe (1900-1967), jurista, de 1935 a 1954 deputado do parlamento inglês (Houses of Parliament), procurador geral, ministro das relações interiores.
FRANCIS GRAHAM-HARRISON (1914-2001): desde 1941 casado com Carol Stewart (vide p. 29). Manteve amizade por toda a vida com Canetti.
AUSTIN: John Langshaw Austin (1911-1960), filósofo da escola de Oxford, da chamada Ordinary Language Philosophy. Autor de *Philosophical Papers* (1961), *Sense and Sensibilia* (1962) e *How to Do Things with Words* (1962).

29 CAROL: Carol Stewart (falecida em 2003), traduziu a obra de Canetti *Massa e poder* para o inglês (*Crowds and Power*, 1962).

33 MARK CHANNING: militar profissional na Índia, escreveu quatro romances de aventura, cujos enredos se desenrolam nesse país, e um romance autobiográfico.

34 MARIE-LOUISE: Marie-Louise von Motesiczky (1906-1996), pintora, discípula de Max Beckmann, imigrou em 1938 para a Inglaterra, manteve amizade com Olda e Oskar Kokoschka. Conheceu Canetti em Amersham, pintou vários retratos dele, bem como um retrato duplo com Franz Steiner.

38 DUNNE: J. W. Dunne (1875-1949), engenheiro, pioneiro da aviação, escreveu também livros filosóficos, como *An Experiment with Time* (1927) e *The Serial Universe* (1934).

40 UM PAPEL IMPORTANTE NA NOSSA VIDA: acerca da estadia dos Canetti em casa dos Milburn; também o conto de Veza Canetti: "Toogoods oder das Licht", em: Veza Canetti, *Der Fund: Erzählungen und Stücke* (Munique, 2001).

58   WILFRED OWEN (1893-1918): poeta, estudante de línguas em Londres, morto na Primeira Guerra Mundial.
ISAAC ROSENBERG (1890-1918): poeta, lutou a partir de 1915 na Primeira Guerra Mundial, foi morto no *front* em 1918.
SIEGFRIED SASSOON (1886-1967): poeta e autor de romances autobiográficos com mensagem pacifista, cuidou após a Primeira Guerra Mundial da publicação das obras de Wilfred Owen. Owen, Sassoon e Rosenberg são chamados também de "War Poets".
HERBERT READ (1893-1968): escritor, historiador da arte e crítico, professor de história da arte em Edimburgo, Liverpool e Londres, de 1933 a 1939 foi editor da *Burlington Magazine*.

63   PIERRE EMMANUEL (1916-1984): autor de importante obra poética, a partir de 1945 correspondente da Inglaterra para a rádio francesa, de 1969 a 1971 presidente do PEN internacional.
No *basement* DE WILLIAM EMPSON: Haverstock Hill.

65   SONJA BROWNELL: Sonia Mary Brownell (1918-1980), assistente de Connolly na *Horizon*, casou-se em 1949 com George Orwell, pouco antes da morte dele.
CYRIL CONNOLLY (1903-1974): escritor e jornalista. De 1939 a 1950 foi editor da revista *Horizon*. O mais conhecido crítico de sua geração.

66   SCOTT: Paul Mark Scott (1920-1978), depois do serviço militar na Índia, romancista, agente literário e autor de peças para rádio e televisão. Ganhou o Booker Prize em 1977.

67   ESCULTOR PAOLOZZI: Eduardo Paolozzi (nascido em 1924).
CLEMENT GLOCK: pintora do grupo de Hampstead, casada com *Sir* William Glock, que mais tarde se tornou diretor do departamento de música da BBC.

68   EDWIN MUIR (1887-1959): escritor, traduziu com sua mulher obras importantes de Kafka.

82   FABIANS: A Fabian-Society surgiu em 1884 como sociedade socialista que almejava uma reforma social. Pertenciam aos fundadores Beatrice e Sydney Webb e George Bernard Shaw.

Russell: Bertrand Russell (1872-1970), filósofo, matemático, escritor e crítico social. Em 1950 recebeu Prêmio Nobel de Literatura. Nunca teve o título de duque nem tampouco usou o de conde, que herdou em 1961. No mundo de fala inglesa, é considerado, por causa de seus estudos sobre lógica filosófica e matemática, o mais importante filósofo do século XX.

93 Mr. Pannikar: Kavalam Madhava Pannikar (1895-1963), jornalista e político, de 1948-1952 foi embaixador na China, depois até 1956 no Egito.

96 Shih-ching: a coletânea pertence aos escritos canônicos do confucionismo, mas não foi publicada por Confúcio.

100 Engel Lund (1900-1966): cantora dinamarquesa, interpretou canções populares em diversas línguas.

102 Anna Mahler (1904-1988): pintora e escultora, filha de Gustav e Alma Mahler, estudou pintura em Roma e, nos anos 1930, escultura com Fritz Wotruba. Em 1938 emigrou via Paris e Inglaterra para os Estados Unidos.

105 Richard Law (1901-1980): a partir de 1945 ministro da Educação, foi elevado à nobreza em 1954, como *Lord* Coleraine.

106 Enoch Powell (1912-1998): filólogo de línguas antigas, de 1950 a 1974 foi eleito membro do parlamento pelos conservadores; de 1960 a 1963 foi ministro da saúde, opositor da entrada da Grã Bretanha à Comunidade Europeia; de 1974 a 1987 membro do parlamento pelos radicais Ulster Unionists da Irlanda do Norte. Proferiu, em 1968, o discurso sobre os "rivers of blood", que correriam numa guerra civil entre os ingleses e os imigrantes.

109 Montgomery: Bernhard Montgomery of Alamein, Viscount of Hindhead (1887-1967), bateu Rommel na batalha de Alamein, foi general em chefe das tropas inglesas durante e após a invasão na Normandia e, portanto, vice-comandante em chefe das tropas aliadas.

111 William the Silent: Guilherme, o Silencioso, Guilherme de Orange-Nassau (1533-1585), principal fundador da independência

holandesa. C. V. Wedgwood escreveu uma biografia sobre ele: *William the Silent: William of Nassau, Prince of Orange* (1960).
STRAFFORD: Thomas Wentworth, Earl of Strafford (1593-1641), ministro de Charles II e *Lord Deputy* (vice-rei) da Irlanda, onde governou muito despoticamente. Foi enforcado por lei.
MONMOUTH: James Scott, Duke of Monmouth and Buccleugh (1649-1686) liderou uma rebelião depois da morte de Charles II contra o irmão deste e herdeiro, Jacob II.

118   IRIS MURDOCH: vide pp. 157ss.

123   MARGARET: Margaret Gardiner, esposa de J. Desmond Bernal, nos anos 1930, e amiga da artista Barbara Hepworth. Autora de *Barbara Hepworth: A Memoir* (Londres 1982).

125   BARBARA HEPWORTH (1903-1975): uma das mais importantes representantes da escultura abstrata na Grã Bretanha. Casada com Ben Nicholson e amiga de Henry Moore.

127   J. D. BERNAL: J. Desmond Bernal (1901-1971), influente cientista natural. Politicamente ativo como comunista. Escreveu diversos livros de ciência popular, entre outros a influente obra *Science in History* (1954). Casado com Margaret Gardiner.

130   GEOFFREY PYKE: Geoffrey Nathaniel Pyke (1893-1948), jornalista, espião, educador e inventor. Preso na Alemanha durante a Primeira Guerra Mundial, escapou com um colega do campo de detenção de Ruhleben, experiência que narraria num livro publicado em 1916: *To Ruhleben — and Back* (recentemente republicado: São Francisco, 2002). Na Segunda Guerra Mundial, integrou a equipe de assessores de *Lord* Mountbatten. Cometeu suicídio em 1948. Vide pp. 130ss.
LORD MOUNTBATTEN: Louis Ist Earl Mountbatten of Burma, Baron Romsey (1900-1979), fez carreira militar na Segunda Guerra Mundial, foi vice-rei e governador geral da Índia. Morto por uma bomba detonada pelo Exército Republicano Irlandês (IRA) em seu iate.

133   *SIR* HENRY PAGE CROFT (1881-1947): de 1918 a 1940 membro do parlamento inglês (Houses of Parliament).

FRED UHLMANN (1901-1985): jurista, pintor e escritor, em 1936 mudou-se para a Inglaterra por amor a Diana Croft. Fundou em 1938 o Freier Deutscher Kulturbund em sua casa (em Downshire Hill, 47), um clube de imigrantes para todos os opositores dos nazistas que haviam fugido para a Inglaterra (membros do FDKB na Grã Bretanha entre outros: John Heartfield, Berthold Viertel e Stefan Zweig; presidência: primeiro Alfred Kerr, mais tarde Oskar Kokoschka). Preso em 1940, internado no campo de detenção Douglas, na Isle of Man, integrou ali um grupo de artistas em torno de Kurt Schwitters. Autor de *The Making of an Englishman* (Londres, 1960).

135 STEPHEN SPENDER (1909-1995): pertencia aos poetas jovens dos anos 1930, dirigiu ambulância na guerra da Espanha. Crítico, editor e tradutor. Amigo de T. S. Eliot e W. H. Auden. Traduziu com J. B. Leishman as *Duineser Elegien* [Elegias a Duílio] de Rilke para o inglês. De 1939 a 1941 foi com Cyril Connolly editor da revista *Horizon*.

OSKAR KOKOSCHKA (1886-1980): pintor e escritor austríaco, em 1938 fugiu de Viena para Londres, durante a guerra viveu também na Cornualha e na Escócia; vide pp. 150ss.

136 GOLPE DE JULHO: atentado a Hitler em 20 de julho de 1944.

139 HENRY MOORE (1898-1986): mudou-se em 1929 com sua mulher russa Irina para Hampstead, Parkhill Road, onde ficaram até a destruição da casa por uma bomba, em 1940. Depois moraram em Downshire Hill, 21.

ROLAND PENROSE (1900-1984): organizou em 1936 a Exposição Internacional Surrealista em sua casa, Downshire Hill, 21 — esta casa tornou-se ponto de encontro de artistas, políticos e jornalistas. Fundou em 1947 o ICA (Institute of Contemporary Art), com Herbert Read, entre outros.

140 LEE MILLER (1907-1977): mulher de Roland Penrose, fotógrafa da *Vogue*, correspondente de guerra na Europa, fotografou a libertação dos campos de concentração Buchenwald e Dachau.

147 THE FREEMASONS ARMS: Downshire Hill, 32.

148 MR. ROBERTS: George Roberts, editor de James Joyce na editora Maunsel & Co.
JOYCE: James Joyce (1882-1941), deixou sua terra natal, a Irlanda, em 1904, viveu depois em Paris, Trieste e Zurique.

153 SCHIELE: Egon Schiele (1890-1918), pintor austríaco.
LOOS: Adolf Loos (1870-1933), arquiteta vienense.

154 HORE-BELISHA: Leslie Hore Belisha (1893-1957), na sequência ministro das pastas de trânsito, guerra e informação, a partir de 1945 Minister of National Insurance, popular pelos *Belisha beacon*, denominação coloquial dos globos laranjas que, piscando, sinalizam na Grã Bretanha a travessias de pedestres.

157 CONTEMPLÁ-LOS NO STÄDEL: exposição sobre a obra de Kokoschka no Städelmuseum em Frankfurt am Main, de 6 de agosto a 18 de outubro de 1992. Em julho de 1918, Kokoschka encomendara da bonequeira Hermine Moos, de Munique, uma boneca em tamanho natural, representando Alma Mahler — para substituir a amada perdida; cf. Elias Canetti, *O jogo dos olhos*, parte 5 e *Oskar Kokoschka und Alma Mahler. Die Puppe — Epilog einer Passion*. Catálogo de exposição, Frankfurt a. M., 1991.
ONTEM: datado em 10 de fevereiro de 1993.
O LIVRO FILOSÓFICO VOLUMOSO: Iris Murdoch, *Metaphysics as a Guide to Morals* (Londres, 1992). O livro baseia-se nos Gifford Lectures da autora. A capa é obra do artista Tom Phillips.
IRIS MURDOCH (1919-1999): escritora e filósofa. Durante a Segunda Guerra Mundial, foi membro ativo do partido comunista. Docente de filosofia em Oxford, mais tarde no Royal College of Art de Londres. Autora de mais de vinte romances. Cf. Peter Conradi, *Iris Murdoch. A Life* (Londres 2001), e John Baley: *Iris: A Memoir of Iris Murdoch* (Londres 1998).

160 SIMONE WEIL (1909-1943): filósofa francesa, autora de escritos religiosos caracterizados por um catolicismo místico e uma dialética aguda.

171 UM PEQUENO LIVRO DELA SOBRE SARTRE: Iris Murdoch: *Sartre, Romantic Rationalist* (1953). Iris Murdoch encontrara Sartre nos anos 1940.

173 DOUGLAS JAY (1907-1996): político do Partido Trabalhista Inglês, amigo de Stephen Spender, de 1964 a 1970 ministro do governo de Wilson. Duas obras principais: *The Socialist Case* (1937), *Socialism in the New Society* (1962).

174 RALPH VAUGHAN WILLIAMS (1872-1958): compositor inglês, discípulo de Max Bruch e Maurice Ravel, colecionador de canções populares, professor do Royal College of Music em Londres. Possui obra vasta.

175 SONNE: Abraham Sonne (1883-1950), publicou poemas hebraicos sob o nome Avraham ben Yitzhak; cf. Elias Canetti, *O jogo dos olhos*, parte 5.

176 HISTÓRIAS DE SHAKESPEARE: reprodução em prosa dos dramas de Shakespeare por Charles & Mary Lamb, título original: *Tales from Shakespeare* (1878).

180 MARROCOS: vide Elias Canetti, *As vozes de Marrakech*.

181 O PREGADOR-MOR DO PAÍS FICOU SENDO UMA MULHER: Margaret Thatcher, primeira ministra inglesa de 1979 a 1990.
PEQUENA GUERRA NOS ANTÍPODAS: a Guerra das Malvinas, de 1982.

183 UMA HISTORIADORA: C. V. Wedgwood, vide p. 22.

Índice onomástico

Altenberg, Peter 155
Aubrey, John 10, 66
  Brief Lives 185
Austin, John Langshaw 26

Baermann Steiner, Franz vide
  Steiner, Franz
Bayley, John 159, 173
Beatles, The 28
ben Yitzhak, Avraham (psedônimo de Abraham Sonne) 175
Benedikt, Friedl 20, 23, 24, 33, 64-67, 110-111, 123, 132-133, 147, 149-150, 167, 169
  Let Thy Moon Arise (escrito sob o pseudônimo Anna Sebastian) 64, 110
  The Monster (escrito sob o pseudônimo Anna Sebastian) 64, 149
Bernal, J. Desmond 127-130, 132
Bevan, Aneurin 126
Blake, William 10, 30, 45, 69, 123, 186
Bleek, Wilhelm Heinrich Immanuel
  Specimens of Bushman Folklore 121
Bombois, Camille 135
Bonham-Carter, Cressida 11
Brailsford, H. N. 37
Brailsford, *Miss* 37
Brawne, Fanny 123
Browne, Thomas 10

Brownell, Sonja 65
Bunyan, John 10
Burton, Robert 10
Busoni, Ferruccio 37

Calderon, Bucky 18
Canetti, Elias
  Die Blendung (*Auto-de-fé*) 10, 14, 23-24, 97, 101, 110, 128
  Masse und Macht (*Massa e poder*) 23-24, 97, 109
  avô 175
  mãe 175
  pai 175
Canetti, Georges 172
Canetti, Veza 17, 30, 38, 41-45, 53-55, 73, 99-102, 118, 154, 155, 167, 175
  prima ("pequena Veza") 154
Cape, Jonathan 24, 110
Carlyle, Thomas 72
Cervantes, Miguel de
  Don Quixote (*Dom Quixote*) 176
Channing, Mark 33
Chuang-tzu 96
Churchill, Winston 105, 108, 126, 131, 181
Coleraine, *Lord* vide Law, Richard
Confúcio 96
Connolly, Cyril 65
Conrad, Joseph 25

Constable, John 135, 141
Croft, Diana 133
Croft, Michael 136
Croft, *Sir* Henry Page 133
Crovo, casal 34

Daisy 38
Dante Alighieri 10, 73, 107-108, 110, 125, 176, 186
Dantin Sereseda 92
Dantin, duque 91
Darwin, Charles 35, 97, 101
Darwin, família 25, 112
Defoe, Daniel
  Robinson Crusoé 176
Derrida, Jacques 158
Dickens, Charles 31, 97, 101
Donne, John 10
Dostoievski, Fiodor M. 95
Dryden, John 10
Dunne, J. W. 38

Einstein, Albert 75
Eliot, T. S. 10, 14-16, 38, 63-66, 123, 186
  Elizabethan Essays 11
Emmanuel, Pierre 63, 65
Empson, Hetta 12, 18-20, 64
Empson, William 12, 18-19, 21, 63-64
Erman, Johann Peter Adolf 125

Falconer, *Mr.* 35
Fox, George 10, 57
Franco, Francisco 134
Franke, Otto 35
  Studien zur Geschichte des konfuzianischen Dogmas und der chinesischen Staatsreligion. Das Problem des Tsch'un-ts'iu *und Tung Tschung-shus* Tsch'un-tisufanlu. Hamburgo 1920 (Estudos acerca do dogma confuciano e da religião de estado chinesa. O problema do *Tsch'un-ts'iu* e o *Tsch'un-tisu fan lu* de Tung Tschung-shu) 35
Freud, Sigmund 75, 128, 158

Gabo, Naum 125
Galton, Francis 25
Gardiner, Alan 35, 125
  Egyptian Grammar 125
Gardiner, Heddi 35, 125, 187
Gardiner, Margaret 125, 146-147, 149, 187
Gari 55, 56
Gaulle, Charles de 83
Glock, Clement 67, 187
Goethe, Johann Wolfgan von 10, 30, 186
  Fausto 100-101
Gombrich, Ernst 17
Graham-Harrinson, Francis 26
Grimm, Jakob e Wilhelm 176
Grocer 38
Guilherme I Príncipe de Orange (William the Silent) 111

Hayward, John 15
Heartfield, John 134
Hegel, Georg Wilhelm Friedrich 10, 12, 158
Heidegger, Martin 158
Heine, Heinrich 101
Hepworth, Barbara 125
Herzen, Alexander 95
Hitler, Adolf 43, 61, 126, 140, 153

Hobbes, Thomas 10
Hölderlin, Friedrich 30, 51-53, 55
Homero
   Odisseia 176
Hore-Belisha, Leslie 154-155
Hotspur, Percy 68
Hübler, *Miss* 18
Hugo, Victor
   Les Misérables 101
Huntington, Alfreda 17, 18
Huntington, Constant Davis 17
Huntington, Gladys 17
Hursthouse, Kae 16

Irving, Edward 72
Isherwood, Christopher 24
   Goodbye to Berlin 24

Jay, Douglas 173
Jerwing, Edward 185
Jonson, Ben 10, 31
Joyce, James 148
   Dubliners 148
Jung, Carl Gustav 68-70, 113

Kafka, Franz 16, 101
Keats, John 123
Kepler, Johannes 129
Koestler, Arthur 136
Kokoschka, Olda 135, 150-151
Kokoschka, Oskar 135-136, 150-157
Kraus, Karl 30

Laforgue, Jules 10
Lamb, Charles & Mary
   Tales from Shakespeare (*Histórias de Shakespeare*) 176
Lancaster, *Mr.* & *Mrs.* 38

Law, Richard (Dick) 105
Liebermann, Max 135
Lloyd, Lucy C.
   Specimens of Bushman Folklore 121
Loos, Adolf 153
Lund, Engel 100-101

Macaulay of Rothley, Thomas Babington *Lord of* 25
Mahler, Alma 156
Mahler, Anna 102, 155-156
Mann, Thomas 101
Manrique, Jorge 118
Marx, Karl 127
Masaryk, Tomás Garrigue 151
Maxwell
   avô (*Sir* Herbert) 71-72, 85-86, 183
   mãe (*Lady* Mary) 22, 26, 68, 70-71, 73, 89, 169, 177
   pai 71, 85
Maxwell, Aymer 22, 70-76, 79, 81, 85-91, 93, 169-172, 176-180, 183-185
Maxwell, Christine 73, 185
Maxwell, Gavin 22, 25, 67, 70-72, 169, 177
   Harpoon at a Venture 70
Maxwell-Fyfe, David 26
Meakin, *Miss* 35
Memling, Hans 161, 166
Meng-tzu 97
Michelangelo 150
Milburn, Gordon 38, 40, 41, 43-47, 49-55, 57
Milburn, Mary 38, 40, 42-46, 53-54, 57
Mil e uma noites, As 176
Miller, Lee 140, 144
Milton, John 10

Mondrian, Piet 150
Monmouth, James Scott 111
Montgomery of Alamein, Bernhard 109
Moore, Henry 139
Motesiczky, Henriette von 34-35
Motesiczky, Marie-Louise von 34-35
Mountbatten, *Lord* 130
Muir, Edwin 68
Murdoch, Iris 118, 157-158, 161, 164, 167-173
Under the Net 118, 170
Myers, L. H. 16

Napoleão 61, 176
Naylor, James 37
Newton, Eric 37
Newton, Isaac 129
Nicholson, Ben 125, 150
Nietzsche, Friedrich 107-108, 110
Northumberland, duque de 67-68, 70

Owen, Wilfred 58

Pannikar, Kavalam Madhava 93-95
Paolozzi, Eduardo 67
Penrose, Roland 139-140, 144, 146
Percy, família 67, 68, 170
Petrarca, Francesco 73
Phillimore, *Mr.* 82
Phillimore, *Mrs.* 82-89, 91
Picasso, Pablo 138, 140, 144, 153
Pyke, Geoffrey 130-132
Platão 160
Po Chu-i 96
Pound, Ezra 11
Powell, Enoch 106-110
Priestly, John Boynton 38

Raine, Kathleen 15, 26, 64-68, 70-71, 112-113, 169
Read, Herbert 58, 60, 68, 186
The Innocent Eye 60
Richards, Ivor Armstrong 19
Ridley, Jasper 11
Roberts, George 148
Rosenberg, Isaac 58
Rossetti, Dante Gabriel 134
Rossetti, William 134
Russel, Alice 87-88
Russel, Bertrand 87-89, 92-95, 186-187
Satan in the Suburbs 91-92

Sartre, Jean-Paul 158, 198
Sassoon, Siegfried 58
Schiele, Egon 153
Scholem, Gershom 37
Schwitters, Kurt 139
Scott, Paul Mark 66
Shakespeare, William 10, 66-68, 80, 97, 176
Shaw, George Bernard 82-84, 87, 129, 131-132
Prefaces 129, 131
Slough, Lilly 44-46
Smith, Henri 149-150
Smith, padre 33
Sonne, Abraham 194
Sparrow, Richard 37
Spearman, Diana 26, 29, 103-106, 108
Spender, Stephen 135
Steen, Jan 38
Steiner, Franz 16, 114-115, 118, 120, 122, 161, 163, 167-168, 173

Oração no jardim no aniversário de mu pai ("Gebet im Garten am Geburtstag meines Vaters") 118
Steiner, Suse 118
Stephen, Leslie 25
Stewart, Carol 29, 189
Stewart, *Lord* David 73-76, 78-81
Stewart, Ursula 73-74, 79-81
Strafford, Thomas Wentworth 111
Swift, Jonathan 10, 28, 30
   Cartas a Stella 28
   Viagens de Gulliver, As 176
Swinburne, Algernon Charles 66

Tell, Guilherme 176
Thackeray, William Makepeace 100
   Vanity Fair 100
Thatcher, Margaret 14, 23, 29, 209-210
Thomas, Caitlin 187
Thomas, Dylan 11, 12, 63, 65-66, 187
Ticcioti, Francesco 37
Tolstoi, Leon N.
   Anna Karenina 102
Toynbee, Philip 16
Trevelyan, George Macaulay 25
Tung Chung-shu 35
Turner, Joseph Mallord William 135

Uhlman, Diana vide Croft, Diana
Uhlman, Fred 133-137
   Der wiedergefundene Freund (O amigo reencontrado) 137

Van Gogh, Vincent 17
Vaughan Williams, Ralph 174, 184, 186
Vaughan Williams, Ursula 187
Vivin, Louis 135

Wagner, Richard 12
Waley, Arthur 14, 96-102
   Three Ways of Thought in Ancient China 96
Walpole, Horace 89
Webb, Beatrice 84
Webb, Sydney 84
Wedgwood, C. V. 23-26, 110, 112-113, 187
Wedgwood, Josiah 25
Weil, Simone 160
Wittgenstein, Ludwig Joseph 158, 160
Woolf, Virginia 10, 11, 25

Yeats, William Butler 11
Yetts, *Mr.* 35

ESTE LIVRO FOI COMPOSTO EM ADOBE
GARAMOND PRO CORPO 11 POR 15 E IM-
PRESSO SOBRE PAPEL OFF-SET 75 g/m^2
NAS OFICINAS DA GRÁFICA ASSAHI, SÃO
BERNARDO DO CAMPO-SP, EM OUTUBRO
DE 2009